特别鸣谢

感谢在本书编写的过程中，谢燕群女士夜以继日地协助我整理和编辑《【理念+算盘】自主经营》的课程讲稿资料，加速了本书的出版。同时也要感谢本书成文过程中，对本书纲要和内容贡献智慧的舒海进同事。

【IDEA + ABACUS】
INDEPENDENT MANAGEMENT

【理念+算盘】自主经营

田和喜◎著

企业管理出版社
ENTERPRISE MANAGEMENT PUBLISHING HOUSE

图书在版编目（CIP）数据

【理念＋算盘】自主经营 / 田和喜著 .—北京：企业管理出版社，2019.2

ISBN 978-7-5164-1887-1

Ⅰ.①理… Ⅱ.①田… Ⅲ.①中国企业—企业管理 Ⅳ.① F276.3

中国版本图书馆 CIP 数据核字（2019）第 014974 号

书　　名：【理念+算盘】自主经营

作　　者：田和喜

责任编辑：尚元经

书　　号：ISBN 978-7-5164-1887-1

出版发行：企业管理出版社

地　　址：北京市海淀区紫竹院南路17号　　邮编：100048

网　　址：http：//www.emph.cn

电　　话：总编室（010）68701719　发行部（010）68701816

编辑部（010）68414643

电子信箱：qiguan1961@163.com

印　　刷：北京市密东印刷有限公司

经　　销：新华书店

规　　格：170毫米×240毫米　16开本　16.5印张　216千字

版　　次：2019年3月第1版　2019年3月第1次印刷

定　　价：68.00元

前　言

2013年，为了帮助中国企业更好地落地阿米巴经营，我融合自己在中日企业20多年的经营实践，撰写了《阿米巴经营实践指南》一书，至今已经畅销百万册之多。

10年经营咨询服务的深耕易耨，同时不断借鉴并吸纳国内外优秀企业的成功经验，我们对中国企业普遍存在的问题有了更加清晰的认识，自主经营的体系也日臻成熟，先后为国内8000多家企业提供了自主经营的培训和咨询服务。近两年，很多企业界的朋友希望我能把咨询实践的思想做一番体系化的整理，变成出版物奉献给更多经营者。于我个人而言，在实践中更加相信这一体系的真正价值，于是，这部《【理念+算盘】自主经营》的著作出现在您面前了。

10年间，接受我们咨询服务的受众数以十万计，其中，中国企业500强的200多家也是我们的服务对象。在实战过程中，我一直在研究成功企业经营背后的共性，最后得到的结论是：无论宏观背景是顺境还是逆境，无论产业是老是新，优秀的企业家总能够透过复杂的商业现象，牢牢把握经营的根本，这就是激活小组织和个体，让企业里有更多优良细胞组织；"一手抓理念，一手抓算盘"，快速培养大量的经营人才，企业就一定能茁壮成长，获得高利润。

中国改革开放已经40年，经济总量在全球也已坐二望一，但全球企业经营管理的范例中，来自中国的标杆却屈指可数。人们津津乐道的仍然是“西方和日本管理思想”。这与中国40年来经济的高速发展是极不相称的。

500强的中国企业开始登上了世界经济的版图，其中以华为、美的、阿里、腾讯、小米等为代表的诸多中国优秀企业，更是集东西文化与管理思想之大成。在2012年服务海航、华为、中兴、中集、惠州华阳、光宝集团、广州汤臣倍健、深圳传音控股、中外运股份、立邦涂料、志高空调、天士力药业、养元六个核桃等一系列知名企业后，我们用事实证明，中国也有自己的经典管理思想，也可以站在世界的舞台上，并成为引领者。

那么，这些成功的中国企业的经营又有什么共性呢？我们不断在探索企业经营的规律。

在与优秀企业的深入接触中，我发现企业之间的差距，不在于信息化手段有多高明，也不是机制设计如何完美，根本性原因在于是否能够找到经营背后的哲学、经营的原理和原则，并坚守到骨子里。

其实，细细思索，经营并没那么难。2008年我提出“用经营思维去解决管理问题，才能把复杂的管理做简单”，时至今日，经过了无数案例实践，得以验证其为普遍规律。今天个性化的时代，要重经营，轻管理，才能激活组织。

万变不离其宗。

无论时代如何变化，回归经营的本质，培养人才，激活人的潜能，这是永恒的经营命题。企业即人，没有经营人才的成长，一定创造不出优秀的企业。

优秀的经营者，必须以不变应万变。不变的是企业经营的真谛，也就是经营的原理原则，变化的是与时俱进的方法、标准、工具。所以企业家一定是一个哲学家、思想家，这一点在华为科技股份任正非总裁身上体现得淋漓尽致！

当年，我在日本住友化学就已经感受到了日企理念经营的魅力。令人遗憾的是，中国的企业家总想不断寻求最好的方法来经营企业，喜欢捷径，哪怕已经到百亿级规模，仍然东抄西拼，生吞活剥。最后大部分企业还是沙滩上的管理，无法体系化，成为贴着宝马Logo的“宝驴”汽车。

今天，传统的管理无法支撑企业再往前走，必须对每个企业进行细分，对细分的小组织进行全面的赋能和赋权，才能激活各个细胞组织，实现从老板的个人经营转向“全员自主经营”，人人都是经营者。也只有这样，企业才有未来。

实际上，这样的经营思想并不是今天的专利，在工业化时代的1970年代就具备了完整的体系，尤其以日本松下、京瓷、佳能、洋华堂、优衣库为代表。我们的工作，只不过是在巨人的肩膀上，结合信息技术将其进一步升华而已。经营的本质没变，经营的逻辑也就不会变。

赋权赋能是今天的一个大趋势。实际上以华为为代表的“铁三角”、打赢“班长的战争”，志高空调的“层层一把手，个个责任人”，立邦的“LFG自主经营”，阿里、腾讯、小米等众多企业称呼各异的经营手法，其背后无不藏着同样的几个基本特点：第一，经营决策权下放，把员工培养成为“老板”；第二，组织创新，把组织划小；第三，用算盘让全员参与经营，学会算账；第四，将管理做轻，经营做重，把企业做成员工的平台。

赋权不是简单的放权，而是在放权的背后要有统一的价值观体系，统一的经营哲学思想，这样才能真正地实现组织的激活。如果简单放权，就是老板的个人意志，就只是一种“承包模式”；而赋权则是组织的意志，达成共识的赋权才能真正实现“全员自主经营”。

赋权赋能的背后，其实是三种组织形态的进化、跨越：从传统的正三角组织形态，过渡到倒三角组织形态，再转变为无边界组织。这三种不同形态的组织背后本质特征是什么，有何不同？为何在今天个性化时代要这样变革？拨开云雾，方见日月！

我非常期待业界朋友，能够抛开经验去追求事物本质，建立起回归原点的思维模式，这样您才不至于迷失在各种新概念的海洋中。

说到底，经营企业就是经营人心！

一旦企业家把握住对于人心的思考，那么你就离成功不远了。所以学习经营管理这门学问，它不应该是知识，不应该是理论，而更应该是一门实践的智慧。

只有企业家的经营理念持续升华，才能真正地引领企业往前迈进。唯有如此，企业家树立大义名分，才能驱动全员的“自主经营”。回归根本。后信息化时代，应该围绕着客户和员工个性化需求的满足来开展经营，这既是经营的起点，又是经营的终点。

商业经营是一个关于幸存者的游戏；对企业家来说，成功是偶然的，失败是必然的，失败则是人生的调味剂。这是一件让人遗憾但不可耻的事情，因为失败往往伴随着伟大的创新和冒险。

从这个意义而言，正是一次次先行者的探索，才孕育了中国企业成功的基因，中国的经营管理也将离真理更近一步！

正如麦哲伦不畏艰险，发现新大陆，从此打破人类天圆地方的认知；哥白尼不畏权威，创立太阳中心说，开启了人类对宇宙的全新探索。

通用杰克•韦尔奇创立了事业部制的经营，成就商业传奇；松下幸之助开创了“论语+算盘”经营，成为日本企业经营的标准；稻盛和夫创立“哲学加阿米巴”的经营，开启了经营的真谛。

随着中国互联网技术先进化及个性化需求时代来临，为了同时满足员工和客户个性化需求，以“阿米巴经营思想”为基础，中国韩都衣舍的“三人小组制”，华为的“铁三角”，阿里、腾讯这些本土企业创造出了各自独特的经营模式。

今天，在研究大量中外优秀企业案例的基础上，我们体系化地整理了它们背后共同的原理原则。将2008年我即提出的【理念+算盘】自主经营完整的思想系统（包括理念、原理、原则、工具、方法）奉献给更多的中国企业，从此开启中国企业对经营管理全新的认知。每一步探索，都让我们离真理更近！

【理念+算盘】自主经营是一门完整实践的思想体系,它是中外优秀企业经营实践智慧的结晶，同时已经得到数千家中国企业10年实践的有效验证。它是今天中国企业转型的必由之路，更是个性化时代成就员工、解放老板唯一的选择！

殷切地希望本书的内容能帮助四处外求的企业经营者找到经营的真谛，在迷茫中开启智慧的大门，那将是我最大的喜悦！

本书的面世还得益于我的同事们的大力支持，特别要感谢刘恩、高然、程学斌、顾宇峰、刘征东、田元对本书部分章节内容所进行的整理和校对。

此外，还要感谢本书案例篇中客户公司的大力支持，正是它们的开放和利他精神，才让大家能享受到知识盛宴。我由衷地说一声：“谢谢你们！”

谨以此书献给在迷茫中上下求索的中国企业！

最后，由衷感谢我的家人对我工作的支持，繁忙的工作，我牺牲了陪伴他们的时间！

田和喜

2018年12月17日于广州

目 录

第一章

幸福企业从何而来

人们都在追求幸福，企业的经营也是如此。其实幸福就在你的内心，没有幸福之根，往往不会有幸福之花的绽放。共享大义名分之【理念+算盘】的自主经营，是通向幸福企业的天梯。

——田和喜

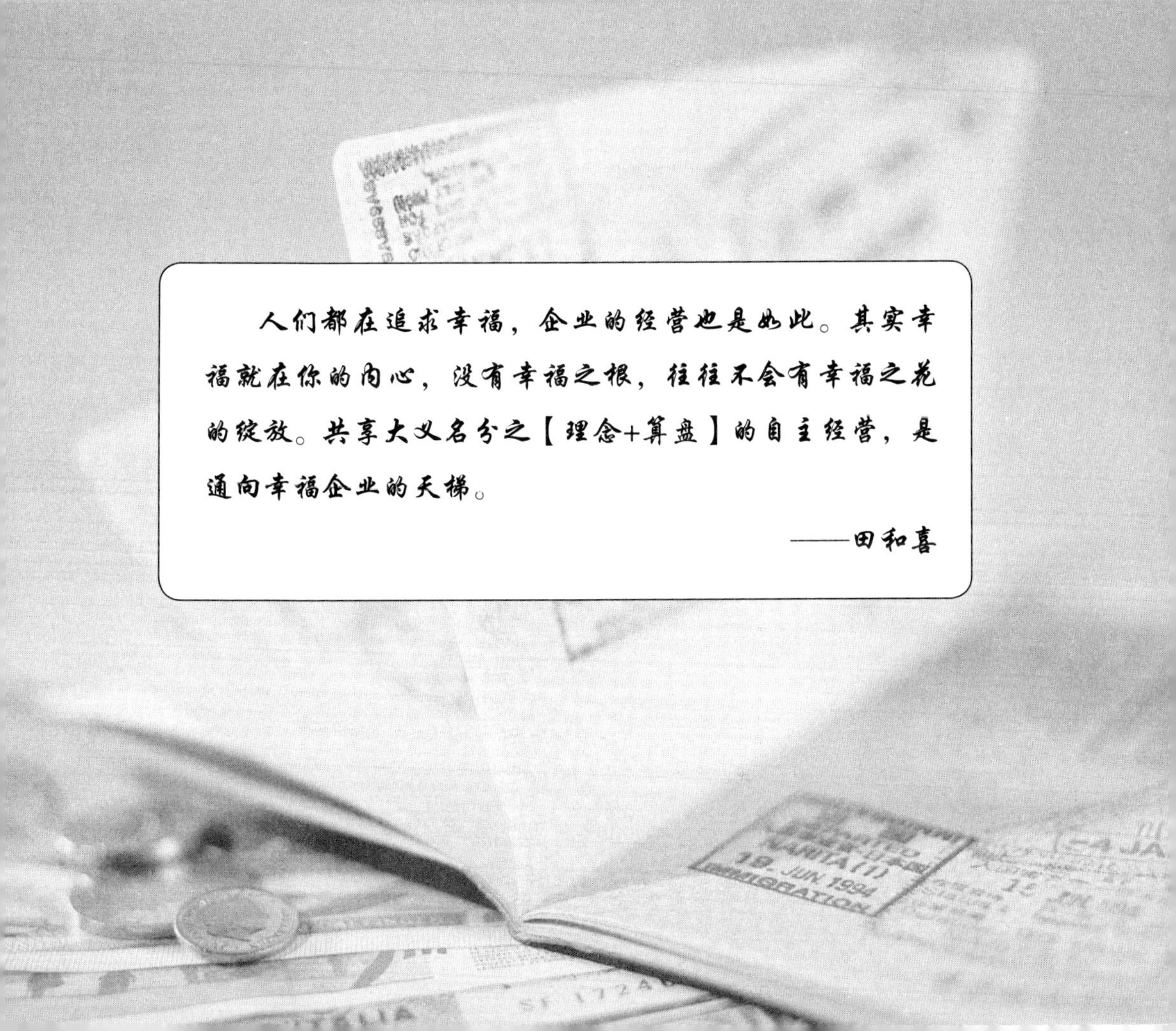

1

企业为什么而存在

1. 经营一定要有崇高的理念

2018年的“造假疫苗”事件中的知名药企长春长生生物科技有限公司（下称“长春长生”）让全国人民的心都揪在了一起。先是被曝“狂犬病疫苗生产记录造假”，后又被查出“百白破疫苗效价不符合规定”，一下子成为众矢之的，舆论出离愤怒，恐惧与愤怒情绪一度弥漫全国。

这些企业为追逐利益，竟如此丧心病狂地把手伸向了孩子。

这不禁让我想起了另外两起同样令人发指的事件：2008年9月，因“三聚氰胺”事件导致中国乳业全面崩溃，三鹿企业轰然倒下。此事件波及面甚广，致使消费者信心丧失，对国产乳制品心怀恐惧。2012年4月，“毒胶囊”事件再次让消费者胆战心惊，因为这一次是和药联系在一起，而且涉及多家企业。

洪水泛滥时，没有一滴水是无辜的。

每个企业都渴望暴利，可怕的是金钱可以很轻易地战胜灵魂、信仰和良知。倘若金钱成为企业唯一的信仰，所有的逐利都是丧心病狂的。

一个没有信仰支撑，唯利是图的价值观成为主流的企业，会把社会责任视为累赘，这不仅会使企业丧失凝聚力，而且最终定会走向没落和衰亡。

水能载舟，亦能覆舟。企业获得财富，是因为满足了消费者的需求，消费者回报以信任与付出。无良企业靠消费者发了财，却不肯遏止自己作恶的冲动，因为那是无良企业的天性。对无良企业所抱有的任何幻想，都是对自身安全的不负责。

这一系列问题之所以产生，一定要循着企业存在的目的去思考。要解决企业为何而存在的问题，首先要回答你的企业经营理念到底是什么，这就是企业经营的起点。

2. 什么是经营理念呢

经营理念是为什么创办这家企业最根本的哲学判断，是创始人的发心，是企业创办人内心的认知，是对人、社会、自然、经济、商业、资本之间关系的认知，这种认知是一种关系判断。这种在经济领域的认知决定了经营活动的行为和方式。经营理念指导了一切的经营活动，是企业员工思维方式和制度建设、行为方式的指针。

经营理念不等同于普世价值观，它是区别于其他企业经营的根本不同点，是企业独特商业人格的反映。经营理念说到底就是要解决企业与利益相关者的关系，这种关系一旦认知定性，就决定了企业所有的关系处理方式，从而衍生出整套的企业经营管理体系。为此我们在经营企业的过程中，归根到底要服务好两类人，即客户和员工。只有服务好这两个利益相关者，企业经营才能结出绚烂的花朵。

经营理念分为姿态、市场理念、体制理念和社会理念。平时大家理解的理念，指的是根本性的理念，也就是创始人的发心——我们为什么创办和经营这家企业？企业存在的价值到底是什么？

其次是市场理念，如何认识企业和顾客之间的关系，用什么手段满足顾客的需求，去赢得市场。

第三是体制理念，如何看待企业与员工的关系，采用何种措施激发员工潜能等问题。

第四是社会理念，如何认知企业和社会相关方的关系，以及怎么处理这种关系等问题。

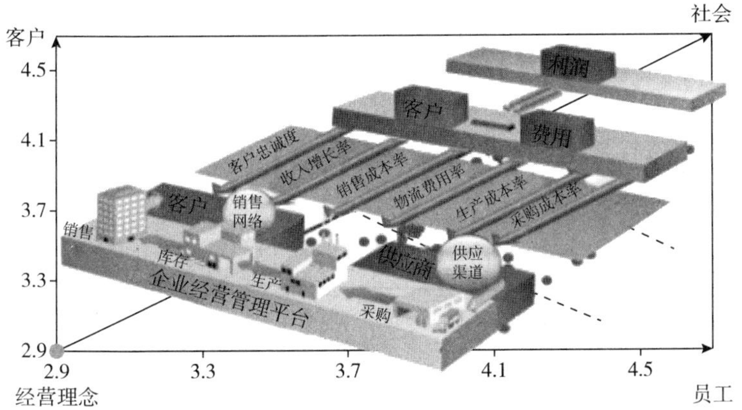

如果企业家把企业当做赚钱的工具，那么企业肯定走不远。企业存在的最终意义，一定是为社会做贡献。

几十年前，经营之神松下幸之助说，“企业是社会的公器，我只是把社会的资源进行整合，为国民打理好，为社会服务而已。”他认为企业不是老板的私有物，也不是员工的私有物，正是这种崇高境界和无私的胸襟，才成就了松下帝国。因此，松下的后人只持有松下电器不到1%的股份。中国华为的任正非又何尝不是呢，作为大股东，他的收益分红还不到1.2%，其他的都分给了员工。

因此，我们可以为企业下个定义：企业是基于统一的经营理念，将资金、人才、技术有机地结合，在TOP团队的领导下，通过获取产品和服务去创造附加价值，满足顾客需求的实体。

如下图，简明地表达了创造价值的企业实体。

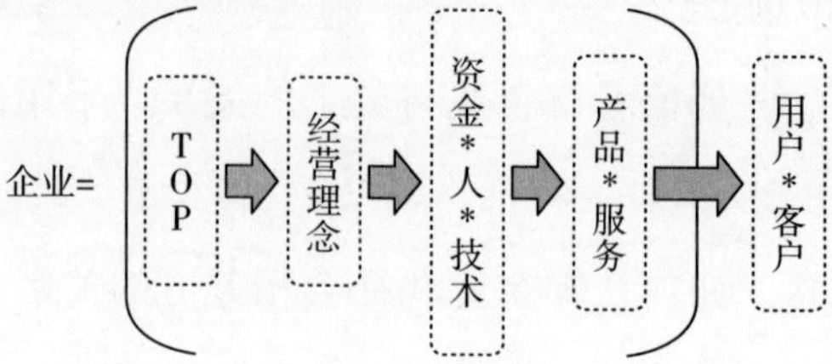

从这个定义中，我们也可以找到明确答案。

企业为客户创造价值而存在，是作为社会公器而存在。企业不是老板一个人的，不是老板的私有财产，老板只是替国民打理社会资源。公器是为社会所用的，所以这就决定了老板把企业作为私有财产，为满足一己之私而背离顾客价值的选择都是错误的，如果企业不能够将自己战略的原点放在顾客价值这一端，一定会被顾客淘汰。

众多老板把企业当成私有物，所以无法长久，因为他的所为无法被管理导向客户，企业利润变为私有财富，然后忘乎所以，随便享乐和投资，而员工不能干涉管理，企业最终走向灭亡。而作为员工，若把企业当成私物，将工作视作赚钱谋生的工具，也会不择手段，吃里爬外或徇私舞弊等随之而来。

在这里，不能不提一个名字——乔布斯。

在《史蒂夫·乔布斯》传记里，他直言："我最讨厌的一种人，他们把自己称为企业家，实际上真正想做的却是创建一家企业，然后把它卖掉或上市，他们就可以变现，一走了之。"

他说，"我的激情所在是打造一家可以传世的公司，这家公司的人动力十足地创造伟大的产品。其他一切都是第二位。"也正是如此，自2007年发布第一代iPhone后，苹果公司就使得个人电脑、动画电影、音乐、手机、平板电脑及数字出版等六大产业发生了颠覆性变革。

当然，赚钱很重要，因为有了钱你才能够创造更伟大的产品。但是动力来自产品，而不是利润。

1946年的东京，到处是二次世界大战后的残垣断壁，疮痍满目，一片凄凉。这年的5月7日，在东京市区一家被炸毁的名为“白木屋”的百货商店楼上，有两个经历了战火硝烟的年轻人盛田昭夫和井深大，靠借来的527美元作资本，雇了20名帮手，成立了东京通讯工业公司。这就是当今日本最大的电子公司——索尼公司的前身。

现在，这家公司拥有140多万职员，在世界各地设有72家子公司及37家工厂，向170多个国家和地区销售1万多种不同类型的电子产品，年销售额高达85440亿日元，成为生产电子设备、电子仪器和电子装置的大型跨国公司。索尼公司以5.6万日元起家，经过40多年的发展，终于跃居日本电子制造业榜首，这无疑是一个奇迹。而创造这一奇迹的头号功臣，当推公司的创办人盛田昭夫先生。而支撑盛田昭夫一路走来的，是当初要让日本从二战的废墟中站起来的经营理念。

我们有一家老客户，山西侯马东鑫机械铸造有限公司。5年前，因为经营不善，选择与我们合作。5载春夏秋冬共度，如今，董事长杨老对经营有了不一样的感悟，他说：导入【理念+算盘】自主经营，是因为想赚钱，想提高利润，而5年时间过去了，我发现，除了赚钱，还有其他更重要的东西——让你的员工都有前程可奔，都能成才。通过努力，能够在你的企业里撑起他们的梦想和人生。

所以，企业经营的根本意义和真正目的既不是“圆经营者之梦”，更不是“肥经营者一己之私腹”。企业经营的真正意义是：经营者必须为员工物质和精神两方面的幸福殚精竭虑，倾尽全力；必须超脱私心，让企业拥有大义名分。这种光明正大的事业目的，才最能激发员工内心的共鸣，获取他们对企业长时间、全方位的支持。同时，大义名分又给了经营者足够底气，可以堂堂正正，不受任何牵制，心无旁骛地投入经营。

我觉得，大多数企业家都想为我们能够得益于前人取得的成就而表达感激。比如我们并没有发明语言，我们的食物基本上都不是自己做的，衣服可能一件都没做过，甚至我如今四处传播的“【理念+算盘】自主经营”这套经营思想知识体系，也是得益于前人的贡献和成就。在这个世界上，没有谁能够包打天下。

所以我相信，很多人都和我一样，想回馈社会，在历史的长河中留下自己的事业。让【理念+算盘】自主经营能够为更多企业家在经营的路上推开另一扇门，助力更多的中国企业屹立天下，是推动我日夜不停地奔波在机场与企业之间的原动力。

唯有时刻坚守着最初的理想和信念：我为什么创办这家企业？才能够支撑你走过孤独的经营之路和漫长的商海角逐。很多企业之所以走不久，是因为走着走着便背离当初的理想，忘记来时的起点，后来不知所措，终而迷失方向。其实，经营起点就是终点。

从这个角度上来说，战略其实更重要的是学会放弃，而非选择，因为在经营企业的路上诱惑太多，要能抵挡住诱惑，才不会迷失！

3. 经营需要义利合一

一个老板的胸怀，决定着他的经营理念。而这个胸怀的背后，是企业的商业模式和经营战略思想。如马云创办阿里巴巴，要让天下没有难做的生意，已经决定了阿里的社会价值。到今天，马云将金融业务交给了中国人民银行，自己也随之退休，回到三尺讲坛育人，将经营的经验分享给全社会，一切都回归社会，这就是办企业的终极，起点就是终点。

> 所以我们认为，领导人就是企业的天花板，理念的提升是企业进步的开端。企业的使命越崇高，领导人的心胸格局越大，发展的空间和价值就越大。

> 只有在不断的修炼过程中，才能爆发出从做交易到双赢、再到共生的思想，从一个商人到一个事业家，到真正的企业家，我们有漫长的路程要跨越。

为了不致“利欲熏心”而迷失方向，而是抓住“人生与事业存在的根本”这一哲学命题，即是回到“经营理念”是什么，引导经营者及全体员工向积极的一面去发展。“利”既是商业活动的工具、过程的体现，也是经营的定量的基础结果；“义”即是“个人哲学认知——价值观、人生观、世界观”的体现，是判定经营活动及为人处世是否正确的原则和标准，也是经营的最终目的、定性的结果。只有以“利己”为基础的同时“利他”，才能真正持续地获得“大利”。只有产生持续的“大利”盈利，才能更好地促进“利他”，达成义利合一的崇高境界。

人的修炼需要过程，不可能一步登天。正因如此，所以“经营理念”是要不断升华的，刚开始为一己赚钱，逐渐开始转变为他人、为社会、为世界、为人类而活，这个过程没有终点。如果你的人生停滞不前，那一定是你的理念没有进步。

2

超越利润以外的追求

1. 理念拨动算盘

一个企业的创立，是建立在追求利润之上的。没有利润的存在，也就没有企业的存在。利润对于企业的重要性，连上小学的孩子都知道，在此不再赘述。但是笔者还要强调的是，企业应该拥有超越利润以外的追求，做到义利合一。用理念拨动算盘，用算盘承载理念，让二者紧密相融。

将“原（理）念”与“核（算）盘”彻底相融，才是真正经营

【理念+算盘】经营是注入了灵魂的经营

在“利”与“义”的关系上，人们的争论从古至今从未停止。儒家十分重视“义利合一”，主张“君子喻于义，小人喻于利”。日本对此也有继承，日本“实业之父”涩泽荣一在他的著作《论语与算盘》中指出：“道德和经济

本来就是并行不悖的。”在日本企业家的眼中，利与义可以做到统一。首先，求利是正当的、必要的；其次，求利只是一种手段，它的最终目标乃是国家的兴旺和民众的幸福。

现实中，由于中国市场经济的不成熟，有企业钻空子谋求暴利，其经营不遵循行业的本分，没有发挥其应有的社会价值，反而给社会带来了负担。如中国的房地产就是典型例子，房子本来是用来住的，要解决“国民居住”的问题，然而它却变成了金融载体，导致了很多人只是“一辈子买了一套房”。

在道成咨询为众多企业提供服务的十年里，我们发现，如果企业把追求利润当成唯一使命，便无法成为伟大的、持续发展的企业。尽管你已经是华为、阿里巴巴、京东等赫赫有名的企业，但更需要本着“爱国、帮助客户实现价值、打造商业生态圈、成就员工、促进人类文化发展与进步”等利润之上的追求。这些看似高不可攀的追求，恰是企业在困难重重下凝聚人心的根本，是战无不胜的不二法门。

企业的目的如果只是为了赚钱，不仅会变得平庸，而且还会带来灾难，比如丰田事件。

2010年，丰田因油门踏板和制动问题意外加速导致美国34人死亡，在全球召回超过850万辆汽车，而其旗下的小丝公司，因出售了上千架飞机的15万个“问题座椅”，而严重伤害了客户信任并给全社会带来安全隐患。

丰田以前一直是企业界的标杆，为什么会出现这样大的质量事故？

曾担任丰田公司驻美国高管的普莱斯（Jim Press）说，公司的问题是由“以财务为导向的海盗思维”所致。这些人“没有坚持客户第一的品质”。

新接任的公司总裁丰田章男称，公司出现质量问题的一个关键原因是公司内部“一些人”过度关注市场份额和利润。这是他在评估导致丰田大规模召回缺陷汽车时，迄今为止说得最重的一席话。

丰田公司错误的战略重心扭曲了丰田在汽车制造方面的传统优先次序：

首先强调产品质量和安全，销售量和成本次之。十年前丰田开始快速扩张之时，这一次序发生了改变，迅速扩大市场份额并把降低成本压倒了一切。所以，企业目的转变导致了危机的发生。

超越利润的追求要求企业家对自己有个终极的追问：我为什么要做一个企业？就像人对自己的终极追问是一样的，既然人活着不是为了呼吸空气，不是为了吃饭，那么企业发展的目的如果仅是为了利润，显然也是很荒谬的。

侯马东鑫机械早在2015年与道成咨询结识，一路跟随，先前是想借助【理念+算盘】自主经营这套经营体系来降本增效，然而四年过去，他们有了不一样的认知。其董事长杨生杰接受道成咨询的采访中坦露：“我之前只是想着提高利润，而今，我感觉到，除了利润之外，更重要的是追求人心、利他的思想。”

天士力帝益药业有限公司的总经理蔡金勇也有同样的感受。他说，一家企业，如果只把追求利润作为唯一的目标，那么这家企业会做不大，走不远。

如果一家企业过于重视利润或物质，员工在这种氛围下工作会变得急功近利，拜金或质疑工作本身存在的价值，容易受到外界的诱惑而跳槽，甚至逾越道德、法律的底线。

所以，我们可以喜欢钱，追求赚钱带给我们在物质上的享受，但是我们不鼓励企业员工把钱看得太重，更不要成为金钱的奴隶。

在我们的工作中，大多数人将自己的工作看成是一种交易或雇佣关系，总是觉得“我为老板打工，老板给我钱，天经地义”“你给我多少钱，我就干多少活”等等。

企业需要有更高的追求，更高的信仰和目标，要在满足员工基础的物质需求上，使其实现更大人生价值与社会价值。尤其是企业经营者要明白，企业存在的意义在于创造，而不在于索取。在追求梦想的路上，千万别忘了当初出发的路。

2. 使经营注入灵魂

（1）理念经营

从高大雄伟的建筑，高速便捷的交通工具，到现代生活中的家用电器，须臾不离身的手机等，螺丝在我们的生活里有着极为广泛的应用。

所谓螺丝是螺母和螺栓合在一起时的名称。螺栓是在普通的金属棒外侧刻下螺旋状纹路，与此相对，螺母则是在孔洞内侧刻下纹路，二者合在一起拧紧，可以把不同的零件（构件）牢牢地连接在一起。它于16世纪传入日本并得以运用，是一种极为便利的机械零件。

所有的螺丝，只要使用就会有松动，可是在日本有一家不到50人的小微企业，几十年来一直孜孜不倦地专注于做“绝不松动”的螺丝，并在世界上拥有了令人瞩目的高度竞争力，为世界性的高技术领域做出了贡献。

这家企业就是日本Hard—Lock工业株式会社。现在，以日本新干线为代表，世界上的高速铁路、跨海大桥、铁塔、核电设施等，凡是不允许螺丝出现丝毫松动的地方，都在使用HL公司的螺母。可以说，这种防松螺母具有堪称世界第一的性能。正因为拥有如此深受好评的产品，HL公司自1974年创业以来，一次亏损也不曾出现。尽管经济危机时期受到过一些影响，但是销售额从未下降。

凭借着专注于做“绝不松动”的螺丝的经营理念和人生哲学，HL 公司道出了企业的生存之道和成功奥秘。

人类是这样一种执着于寻觅意义的生物，因为是意义使我们的存在被证实，并且有价值，企业也是如此。当企业寻找到一个存在的意义，就等于找到了在市场中的立足点，从而被赋予价值与生命。对于企业内部而言，意义能让员工产生更强大的忠诚度，向心力，从而养成积极的价值观与文化。

简而言之，明晰了自己企业的存在意义，也就回答了“我是谁？我从哪里来？要到哪里去？”这一哲学上的终极拷问。

于我而言，道成咨询这家企业存在的意义，至少具备这三个要素：让员工有前程可奔，可以实现自己的人生价值；利他；来帮助中国企业转型升级。“强企兴邦，振兴中华”的梦想时刻都在驱动着我们。

（2）让员工有尊严

也许有人会说，我找不到崇高的目标，我造不出火箭，也改变不了这世界。我只想努力耕耘眼前这一亩三分地，一心只想赚钱养家糊口。当然，崇高的梦想并不是每个人与生俱来的，崇高的梦想也需要无数的“小人物”的帮助，所以我们不排斥也不否认这些人的岗位价值观；恰恰相反，为员工提供一份可以换取一家人饱食暖衣的工作，也是企业存在的基本意义之一。

近年来，“上班比上坟还要沉重”成为了很多职场中人的真实写照，究其原因，有很多人对自己的工作单位没有归属感，企业没有激发他们潜在的活力。而出色的领导者懂得如何利用崇高的未来期望值来激发员工的想象力，搅动员工内心的死水，让他们在一个伟大梦想的驱动下，被鼓舞、被震撼，敢于相信高于自己的事物，他们便会喜欢上内心被触动、被感动的感觉，然后，会更加憧憬未来，创造更多令他人没有想象到的奇迹。

我曾多次在公开场合说道，十年前我成立道成咨询公司之时，发现大量培训机构搞成功学，没有办法真正帮助中国企业的成长，最后不仅没有催生好的企业，甚至会害死一批中小企业，而让培训咨询界被贴上了“忽悠”“洗脑”的标签。我想让它摆脱“混乱无序”的状态，真真正正为客户提供价值，帮助他们解决问题，为民族崛起贡献我力所能及的力量。实现“千万亿工程”的愿景和传播【理念+算盘】自主经营，成为大家共同的使命和信念。尊道·尚德·爱人，已成为广州道成智聚咨询集团全员遵循的家训。

正是出于这个目的，十年来我一直坚守“贯彻行业人的本分”，立足于企业经营领域，服务了8000家中国优秀企业，我开创性地创立了【理念+算盘】自主经营，为企业培养高端经营团队、提供解决经营根本性问题的系统解决方案，而不仅仅是阿米巴经营中国落地开创者。这是道成咨询的价值所在，也是道成咨询的生存之本。

如何把我们自己制定的与众不同的“发心”落到实地，让它活起来，我认为最好先从企业背后提炼出来一些棱角分明的标签，再用一系列具体的、切实的行动去支撑起这些标签。

所以，还是拿广州道成咨询集团为例，我们希望道成咨询集团可以具备的标签以及我们对其进行拆解落地的逻辑如下。

①专业。导师100%都有8年以上中高实业管理层工作经验，并经过至少三年或以上道成咨询知识体系的培训、考核及到企业内部实操后，才能胜任项目经理。老师的培养耗费了大量的时间和精力，所以这造成了道成咨询的老师为数不多，也供不应求。尽管如此，我们依然坚持只做精品。所以我们拒绝合伙制，也不外包，唯有如此，才能做精品案例。

②有实例。我们100%以上的授课内容都是真实的课程&实操辅导案例分析、评论和原理原则的输出。也正是由于我们所有的知识体系内容是源自实践，又跟随时代的变化而不断进化，所以不少老客户一路忠诚地跟随着我们，比如说和勤通讯、天津中外运跟随我们8年、春兴精工7年、浏阳河和华阳精机4年，弈天设计、海航集团、睿量科技、宇彤科技5年。非常感谢他们的不离不弃。

③有理念、有原则、有良知。我们总会在我们的知识体系里持续强调和输出以下这些态度——贯彻行业人的本分、知行合一、金碑银碑不如客户的口碑、满足客户的需求并超越客户的期待。

在这个物欲横流的世界，从来都不缺聪明人，也不缺钱，缺的是脚踏实地干活的“笨人”。马云曾经在一个论坛上说，往往最有资产、最有资源、最能干的那帮人去不到未来的。人活在这世上，受到的诱惑太多，赚钱的地方比比皆是。但君子爱财，取之有道。所以道成咨询要做一家有理念、有原则、有良知的企业，仅仅是为了赚点钱而不择手段、抛弃道义良知，是我们所不屑与鄙视的。而贯彻行业人的本分更是每一位道成人的底线要求。很多选择与我们合作的企业也正是看中了我们这一点，不断地为我们介绍客户。这里有个数据可以公开，我们的老客户转介绍率达47%，这在咨询行业是非常高的指数。

④有系统的知识体系。【理念＋算盘】自主经营是我们自己的知识产权，是我们自己完整的本土化、能够催生让阿米巴经营很好落地的完整知识体系。这是其他所有国内咨询机构所没有的。阿米巴经营只是自主经营当中的一个V1.0的经营模式，还有V2.0和V3.0的模式，是结合了互联网思维，要变成平台化组织形态和无边界组织形态，是中国人自己干出来的升级版，以海尔、华为及韩都衣舍为转型升级代表。

所以我们做的不仅仅是阿米巴的经营，不仅仅是经营培训、咨询，而是传授优秀企业共有的经营真谛。因为我们懂得背后的原理和原则，所以我们会量身定制每一个企业的阿米巴经营方案。大量机构的咨询师简单照搬方法论，套用几个表格，而我们则是用一套原理原则作为指引，每一个企业的方法论都有变通，因企制宜，各具特色。这就是【理念+算盘】自主经营强大的知识体系。

你可以看到，结合上面已经明确的定位和调性，我们为道成咨询打上了专业、有长期案例实例、有原则、有系统的知识体系这样几个标签，然后又通过一些更加精细的界定，例如不断通过我们十年间身体力行积累的8000家企业辅导实战经验来提升我们服务的专业度，以呈现我们对于上述每一个标签定义的理解。我们希望道成咨询集团是受人尊重的企业，经营顾问更加受人尊敬，员工有尊严地工作，而不是单纯的知识搬运工。

3

员工的动力从哪里来

1. 全员注入使命感

在中国，相信很多企业高层管理者都曾说过：我们要把企业做大、做强、做久。然而经营企业是一条布满艰辛的不归路，要达成这个目标，就必须要有能够激发团队成员战斗力，并且一直使之坚持下去的秘密武器——使命感。

物以类聚，人以群分。使命感是吸引志同道合的人来和你一起完成宏图大业的力量。若是没有这东西，在经营这条孤独的不归路上，你很难走下去。

迪士尼的使命是，make the world happy，让世界快乐起来。所以他们招进来的员工都是积极乐观的人，悲观的人没办法进这个公司。

通用电气在100多年前创建的时候，他们第一个使命就是“让天下亮起来”。那个时候的电灯泡，大概只能亮两分钟、三分钟，灯泡里面的钨丝马上就烧没了。所以每个人进来，从老板到员工，到管传达室的，都希望这两分钟的亮，能做到二十分钟。招进来的人都非常认同这个事情。到今天为止，一切都围绕着电气。加入这家公司的人充满着荣耀感，“我的工作是让世界亮起来”。

不管企业大小，拥有使命感的人对工作永远都保持着一份执着和热爱、精神抖擞，充满兴奋，有种与之共荣的感觉。

使命，在公司生死攸关、重大利益抉择面前会发生作用。大量的实践证明，为钱而来的人，最终也会为钱而离开，为使命而来的人会为使命而留下。

所以很多企业为表重视，将使命写在墙上，挂在走廊里，甚至安装在电脑桌面上，希望在抬头不见低头见的环境中，将共同的使命刻进每一位员工心里。然而员工自带熟视无睹的强大功能，这样做取得的效果微乎其微。每每开会稍微提起，员工立马就会露出不耐烦的表情，“又开始打鸡血”“又要干了这碗鸡汤”“要开始画饼了”。

我认为，使命感是刻在骨子里的，而绝非仅仅是写在墙上给别人看的。被誉为“全球第一CEO”的杰克·韦尔奇说过：无论多么频繁地给员工强调公司的愿景和使命都不为过，哪怕把自己都说得恶心了，也要一遍一遍地重复。作为企业经营者，除了日日大会小会宣导之外，还得在日常工作中做到知行合一，把理念落到实处，做给员工看，彼此感染。

说很简单，但是要把自己说的东西做出来，并且日复一日地坚持，让别人看得见，喜欢，并且感染别人行动起来，这是多么难的一件事！

以我们为例，“传播【理念+算盘】自主经营，强企兴邦，振兴中华。”是道成咨询的使命。为了这个使命，我十年来一直在身体力行。我每个月的出差天数在25天左右，不是在奔向客户的路上，就是在与客户交流、辅导。也正是我的努力，全企业的员工都努力工作、自觉地加班，与我一起为这个使命全力以赴。

又比如，我对员工反复强调，要贯彻行业人的本分，所以如果我做出了违背这一理念的事情，那下面的人根本就不会信服我。有一次，我接到一个咨询项目。因为某些原因，这个咨询项目不用辅导，只要我接了这个项目，200万就可以收入囊中。但我拒绝了，抛开我个人的道德底线而言，我相信要想人不知，除非己莫为。天下没有不透风的墙，如果我做了，迟早都会被别人知道。这样做了，员工会模仿，会投机取巧，会干偷鸡摸狗的勾当，其结果是企业会腐朽。而往往有权力违反理念的人是老板和高管。

也正是我个人的知行合一，常常会感染到员工，他们会以我为榜样开展工作。

我们经常对客户讲【理念+算盘】自主经营是什么，应该怎么落地？如果我们自己企业内部都不做，员工对客户很难解释清楚。相反，在道成咨询，每个小组织有自己的小组文化，有队服，有团队口号和虚拟组织结构。员工以项目制参与其中，亲身经历耳濡目染，所以他们随时随地都可以为客户讲身边的故事，讲自己关于“我的团长我的团”的故事。

最后，企业的使命不是一成不变的，而是跟随时代需求的变化而变化。

微软公司创办之初，公司的使命被定义为：让每张桌面上和每个家庭里都有一台电脑。2000年前后，微软公司重新定义了其使命：创造优秀的软件，不仅使人们的工作更有效益，而且使人们的生活更有乐趣。正是公司使命的适时升华，所以它才不断发展。

2. 赋权赋能经营

海底捞餐饮的神话被中国企业家津津乐道。大家都知道，海底捞的成功在于它赋予了一线员工有免单的权利。

我曾经服务过宁夏一家食品制造集团企业，这家企业在没导入【理念+算盘】自主经营之前，因为担心泄密，怕使用材料的员工和供应商勾结，就采取了控制的办法，不让用承担费用的部门知道材料价格，只有采购人员知道，而其他人根本不知道成本价格。但是，采购权力过于集中，公众知情权的下降，就导致了部分人的以权谋私，严重影响了公司的良性发展，这就是权力集中导致的弊弊。

一方面，公司采购嫌“笤帚”这些东西杂，不在意；另一方面，这些东西的价格事实上是一直公开的。因此，我认为公司以后就不要集中采购了，要把权利往下放。因为，简政放权，让信息公开就是最好最有效的内控。当然，不能一放了之，比价也是十分重要的，这就是价格不能高于“京东”网络上的报价，谁审核都必须遵守这个底线。所以，在辅导的过程中，我一直强调要实行量化赋权赋能，首先给予权力获得者责任，也是为了保护员工自身不犯错误。

让听见炮声的人来决策。既然公司车间承担成本，我们真没有理由为了保密，不让车间有知情权。五金材料、防腐保温都应该公开接受车间的监督。如果思维方式只停留在怕泄密的控制上，暗箱操作，我相信会有更多以权谋私的事情浮出水面。因此，只有知情权才是最好的内控手段，展开量化赋权赋能，就能化解授权的风险。

经过几年的推行，这家公司体会深刻。

赋权赋能组织是当前很火热的话题。这里，赋能是赋能力吗？能力是指业务能力还是管理能力？组织又是什么内涵？是谁赋能给组织呢？人们不免心存疑虑。然而，只要用心思考，便能明白其中的道理。

其实任何一个企业都离不开三大基本技术，即产品开发技术、市场开发技术和经营管理技术，而员工获取这些技术的根本途径在于知识管理。无论是传统组织还是平台组织，要让组织赋能，其根本就是做好知识管理。

而企业内部有两类知识，一部分是通识知识，另一部分是企业内部特有的Know-How，这些特有的知识来源于全体员工的实践经验。所以赋能给组织其实是全员知识累积，通过员工在组织内部分享，实现全员共同成长，来增长能力和见识。这样的赋能是员工赋给员工，只不过是通过互联网工具把个人经验变成了全员共享的组织 Know-How。

大多数中小企业之所以以“能人”为中心，甚至被“能人”绑架，就是因为没有很好的利他机制和文化，让员工去总结自己的经验；同时又缺少知识管理体系和组织机能，因而无法沉淀并传承，不能去培养人才，无法实现组织裂变；每天都在重复昨天的故事，新人不能快速上手，劳动效率低下：人力成本居高不下；人才储备跟不上企业发展的步伐。这些都是中小企业的通病。

互联网技术的应用，使知识分享变得非常便捷，整个社会实际都已经是自给自足的赋能社会。自觉和不自觉的人与人的差距越来越大，所以当今企业更需要自己赋能的人才，才能让组织实现知识叠加，快速促进组织的成长。

【理念+算盘】自主经营，是在统一经营理念的前提下，把经营权下放，尊重员工个性人格，发挥每个人的创造性。站在经营的高度，去创造性地服务客户，以利他思想去帮助客户创造价值，从而获取适当的利益。其本质是赋权和赋能，把经营权交给理念一致的一线小组织，灵活应对客户需求；而赋能实质是通过组织的知识管理，不依赖于某一能人，而是将经验总结成know-how，充分给予愿成长的员工，而实现共同成长，形成组织力。这样才能快速大量培养理念一致的经营人才，从而成就员工，解放老板！

而所谓自主经营，就是让员工当家做主参与企业经营管理，并对经营结果负责的经营方式，本质是量化赋权。

自主经营主要有以下几点目的与意义。

一是通过内部交易，建立起与市场挂钩的独立核算制度、识别企业创造价值的最小利润单元，建立以订单为主线的全价值链核算制度，清晰每个小组织直至个人的价值贡献，实现投入产出效率最大化。

二是搭建赛马舞台，快速批量培养经营者，让员工像老板一样思考。在小组织之间竞赛，通过内部竞争增强外部市场竞争力。

三是通过细分正式小组织和虚拟小组织，并设计更多虚拟组织角色，量化赋权赋能，彻底激活全员参与经营，共同创造。

四是将组织变为服务形态，对给客户的交付价值过程进行细分，让每一个流程都是项目制，从而能为流程结果负责。

自主经营是真正以利他之心为原点，以数字化经营为基础，智慧集成商业模式、市场细分、小组织裂变和共创共享机制的系统经营方式。通过【理念+算盘】两手抓，实现“自约束、自组织、自驱动、自经营、自激励、自进化”，达到“无为而治”。这样的自主经营方式，将是个性化时代打造高盈利幸福企业的必然选择。

3. 员工成长看得见

一个组织的伟大，在于它能不能把优秀的人变卓越，把平庸的人才变优秀。

未来三十年，是中国激荡的三十年。所以现在我们正在做的事情充满了意义——为中国企业培养一批高端经营人才!

山不在高，有仙则名。水不在深，有龙则灵。清华大学梅贻琦校长亦有句名言：大学之大，不在大楼，而在大师。同样，企业之强在强人。一个企业的强大，不在于收入强，也不在于是不是世界500强，而在于它能不能培养和凝聚起一支全球最顶尖的人才队伍。

在全球化的今天，个人精力无论多么充沛，投入到残酷的商海竞争中都只是沧海一粟，因此，想要基业长青，就需要一个核心团队的共同努力。

然而，过去大多数管理都把人视为“生产要素”，就如同工业机械上的螺丝钉一样，零部件损坏了，可以换新的。新的部件和旧的部件可以互换，只要肯出高薪聘请。然而，很多人都忽略了人之所以为人，是每个人都有独特之处，而且极为复杂。领导者需要勇于放手让员工去做，而不是试图驾驭他们。

其实，每个人的心中都曾有一把火，都曾满怀热情地想干出一番事业，希望自己的价值能在工作中得到体现，是公司的定海神针，是团队的中流砥柱，这样才有存在感。但是并不是哪里都有公平可言：演讲比赛，你拼尽全力去准备，把讲稿背得滚瓜烂熟，把情感拿捏得恰到好处，不但把自己感动了，还把评委感动落泪了，最后，讲得很一般的人得了一等奖，而你，是最低分那个；项目比拼，你夜以继日挑灯赶方案，追客户，辛辛苦苦把单子拿回来了，然而论功行赏时，你的奖金还不如团队里整天闲聊调侃的同事多；你勤勤勉勉，忙忙碌碌，放弃所有的假日，恨不得24小时都扑在工作上，但千般好，抵不过一次差，提薪升职的时候，你的过错被死揪住不放，换来的是公开批评，甚至是撤换……

就这样，经过职场的洗礼和燃烧后，能力不断提升，也付出了巨大努力，而企业领导视而不见或者藏于心底不言，于是有的人这团火就会渐渐熄灭，只剩下冒烟，得过且过，有的干脆一走了之。

《人件》中提到过：管理者的工作不是让大家去工作，而是创造环境，让大家顺利开展工作。而在这里，我想说的是，一家有良知的企业，是以奋斗者为根本，创造好的工作环境、好的学习机会，还有好的薪酬待遇。让员工看得见成长，即便他选择离开时，也能由衷地对公司说声“谢谢”。这样的企业，才具备持续健康发展的原动力。

所以，我一直在倡导，企业要打造实现“三公”的赛马机制——二元考评激励，自主经营的人力资源，是经营人，而非管理人。让企业回归原点，回归企业存在的真正意义上——培养人才于循环改善，让员工的成长看得见，从而对企业产生归属感。

天士力帝益药业在推动自主经营V1.0阶段的过程中，通过导入“算盘-经营会计报表”让各部门都能看到问题点和改善点，于是在业绩分析会上，每提及一个改善点，同部门的员工就会有种自豪感，每个人也就明白此次在哪一块做得好了，哪一块还可以继续精进。就是在这样不断地循环改善中，让员工有所成长，让员工成长看得见。

作为企业的经营者，如果没有一颗让员工成长的心，那么受到伤害的不仅仅是员工，还有企业本身。

员工与企业之间的关系，应该是“三体合一”：利益共同体、精神共同体、命运共同体。一个优秀的企业经营者，应该掌握很多支撑点，以便更好地为员工创造好的工作环境，让员工的成长有空间、看得见，借此来撬动更多的人心，加强凝聚力。

真正幸福的企业一定是借助“算盘-经营会计”，每天进行附加价值的核算，通过量化的业绩可以让员工明白改善从哪里入手，对自己每天的进步一目了然，不用等到年底再给员工做感性评价的企业。

销售额	对公司外	A1	
	对公司内	A2	
	总额	A0	
内部采购		B0	
销售净额		A	
费用	部门内直接	B1	
	部门内分摊	B2	
	SBU间接分摊	B3	
	合计	B	
（附加值）收益		C	
工时	正常	D1	
	加班	D2	
	部门内分摊	D3	
	SBU间接分摊	D4	
	合计		
部门内月均总人数		E	
月单位时间收益		F	
月单位时间销售净额		G	
月人均收益		H	
月人均销售净额		I	
本月承接订单总额		J	

4. 物质与精神双丰收

幸福感是什么？每个人的心里都会有不同的答案。有人说是爱，有人说是钱，有人说是自由，有人说是房子、车子、妻子和孩子。归根结底，总是离不开物质和精神两个方面。

现在我们可以看到在很多企业，遇到问题，员工动不动就发牢骚，总感觉他们不幸福，不快乐。为何？马云曾说过一句很精辟的答案：钱给少了和心委屈了。而用稻盛和夫先生所说的，企业要满足员工物质与精神上的双丰收，才能为社会提供更多的积极能量，促进更多真善美的产生。

创业难，守业更难。相信很多老板都曾信誓旦旦地对员工画过大饼，公司发展前景如何如何好。我们要继续奋斗，把公司打造成全国第一，而他就是未来的土豪第二。只要你好好干，不但分红，还送股份。

一番鸡血过后，员工激动不已。管理者永远拿着大喇叭，鼓吹他们的员工加了多少班，并谋算着如何让大家加班更多的手段。然而几年过去了，员工天天挑灯夜战，只见老板的奔驰宝马换了几轮，而员工依然没有见到半毛钱分红。

既要马儿跑得快，又不给马儿吃草，你叫马儿怎么受得了。

生而为人，每个人都扮演着多重角色。我们的员工不仅仅只是你的员工，他们还是儿女，要赡养父母；他们也是父母，要抚育下一代。每个人身上都有不可推卸的责任，或许他们就是整个家庭的顶梁柱。而撑起一个家，离不开物质的基础。

所以，你可以和员工谈梦想，但是一定要让他们吃得饱，无后顾之忧，才愿意全力以赴。

对此，任正非曾经不止一次说过：“华为之所以不断壮大，就是为了挣到更多的钱。”为了让员工们也能对钱产生饥饿感，任正非一直鼓励员工大胆追求物质上的成功，并建立起相对明确的金钱目标。当大量公司都在谈论事业心和价值观，或者企业文化的时候，华为的员工却丝毫不掩饰自己对钱的兴趣，对工资、福利、奖金以及股份的追求，这种狂热性实际上能够带来更大的动力，而且把钱作为目标也是最直观的一种衡量自己工作效果的方法。

企业应该懂得用物质激励来刺激员工，员工也要懂得将钱作为奋斗的目标。在马斯洛需求层次理论里，金钱与物质的需求属于偏低的需求，但实际上这样的物质激励及物质追求往往更能迎合人心，尤其是对于一些新员工来说。

现在已经不是过去一个人为公司干一辈子的年代，这家不行还有下家。不过别忘了，我们创办企业的发心不仅仅是为了赚钱，为了经营的结果，而是在企业成功的同时，要让员工真正感受到幸福。

所以，在物质的刺激下，也要不断地满足员工精神上的需求，为企业经营理念注入灵魂，提高员工的成就感、幸福感。

LXYP公司导入【理念+算盘】自主经营，经过一年改革，司机接我时连声说，上半年已经发放了两个月的奖金，他可以为媳妇买件衣服。这是一种朴素的满足感，同时对我辅导的感谢之情溢于言表。到专家楼，前台招待给我冲了一杯咖啡，原来没有听说他们这样做过。为什么会有这样的转变？很简单，因为员工的理念转变了，主动性凸显。

正如任正非总裁所言，高报酬加高压力，不是人才也变成了人才。

4

如何实现快乐经营

1. 经营本不应该是苦闷的

在我创业从事企业经营咨询的十余年里，接触过企业家无数，从他们与我自身的经历来看，我相信每一位老板都有一笔“血泪账”，每天早上睁眼的时候都非常挣扎，感觉自己就像是戴着镣铐的舞者。

凭借着一股热情，甚至是怀抱着最朴实的心愿：多赚点钱，吃好、喝好、住好，让妻儿老小过体面点儿，我们开展了一场大胆的且雄心万丈的“赌博”，此后，兢兢业业深扎于某一行，生怕稍微行差踏错，就带来满盘皆输。

永远不会有人看到美丽的光环笼罩下的经营者是多么的焦头烂额：该交的税要交，该付的工资不能不付，房租、水电、办公费等，一分也不能少，萎靡的企业文化、不合理的人事安排、混乱的项目管理、难收的应收款……单就财务负债居高不下这一项，已足够让人忧心忡忡，寝食难安！

尤其是当下这个瞬息万变的互联网时代，很多传统行业被颠覆，独角兽层出不穷，巨无霸上榜“死亡名单”的企业越来越多，在商业背后还有更多更错综复杂的利益和关系需要去平衡考量取舍……

得挨多少打，才能成角？

企业经营者要经过多少不见硝烟战场的磨炼，才能在这浩瀚的商海里占有一席之地。有时候累了，想歇会儿，睡个懒觉，员工立马就会说，老板也还没来！

经营这件事，好像除了血与泪，并没有什么快乐可言。

然而在我看来，经营本不应该是件苦闷事。

为员工提供一份可以实现人生价值，又可以养家糊口的工作；为客户提供满足需求的产品；为社会贡献自己微薄的力量，这些本是一件值得快乐且骄傲的事，可是很多人都忘了当时出发的路了。

苦闷，是因为我们的心还没有打开，我们贪念太多，诱惑太多。

2008年，我曾辅导过一家企业——山西世百瑞机械铸造有限公司。雷总曾吐槽：因所处行业的特殊性，公司上下的学历不高，企业无人能用，唯有事事亲力亲为。然而，每天四处奔波跑业务，换来的是员工的不理解，以前干哪一行都挣钱，但转给职业经理人去干就不行，老业务难以为继，亏损无利润，没有人能够接手。所以最后像掰玉米，搞一个就丢掉一个，不断地重复着昨天的“故事”，所以永远都做不大。

2. 您真的迈入经营大门了吗

（1）没有10%的利润率，不配谈经营

利润是企业生存之基。持续高收益经营所得的利润，可以巩固企业经营的基盘，为事业的进一步发展打好基础。而最重要的，为了实现员工物质和精神两方面的幸福，高收益也是必不可缺的条件。

那么，企业的利润率应该维持在怎样的一个水平上才算比较合适？

稻盛和夫曾说过，“不管什么行业，什么产品，既然干事业，那么最低也要做出10%以上的利润率，否则就称不上是什么企业经营。”

“必须把利润率提高到10%。”一旦这个想法进入深层心理，那么当利润率低于10%的时候，经营者的心情就会不舒服。过去住在利润率3%、4%的世界里很舒服，但一旦跳出这个世界，意识到“利润率必须提到10%”才行，那么就会对3%、4%的利润世界感到不满意、不舒畅，再也不愿意回去了。

因此，人心的状态如何、意识的状态如何，决定了实际利润率的高低。再加上怀抱强烈的愿望，以洞穿岩石般的坚强意志，以一往无前的声势，朝着高收益的目标努力奋斗，那么，就更可能以戏剧性的方式改变自己“居住的世界”。而且，一旦“居住的世界”发生改变，尔后只要付出通常的努力，就能在那个新世界里长期居住下去。

如果经营者在企业经营中缺乏实现高收益的强烈愿望和坚强意志，那么，不管使用什么技术技巧，都难以提升企业的利润。这里需要的所谓愿望不是一般的希望，而是无论如何非要实现不可的、发自心底的强烈的愿望。

一般来说，大多数人经营企业起初是为追逐利润，满足自身、家庭等利己目的的，但是，随着企业经营的深入，归根到底是要追求员工物质和精神两方面的幸福，实现利他的大义。因此，为了让企业永续发展，就必须实现高收益。

高利润率的追求会形成一种习惯，背后的本质是一种经营思维方式，长久贯彻到每一位员工，他们就会卖价值而不会卖低价格，最后就形成了全员注重价值的企业文化。

（2）经营企业就是经营人心

《坛经》中五祖弘忍说：“不识本心，学法无益。”其实无论是做人还是做事，都是如此，不识本心，做人无益。不识本心，做事无益。不识本心，要么迷失，要么愚昧，要么烦恼丛生。故，应以心为本。

这个道理不仅适用于参禅悟道，也适用于经营企业。对于修行者而言，如果无法认识禅理的本心，就不会理解佛教的要义；对于企业经营者而言，如果不能够把握人心，就不能觅得经营的真谛。

稻盛和夫说：“我的经营是‘以心为本’的经营，就是在企业建立起一种牢固的相互信任的关系。”“世界上没有比人心更易变、更不可靠的东西，但是只要建立起牢固的信赖关系，就没有什么比人心更牢固、更可靠了。”

人是决定企业经营成败的核心因素，而心是人的主宰。正如松下幸之助所言，以“素质的心”来对待经营，因此，“以心为本”经营的重要性显而易见。

现实中，企业经常能遇到这样一种情境——

在某企业的季度会议上，营销部经理说：“最近销售不好，我们有一定责任。但主要原因是对手推出的新产品比我们的好。”研发经理“认真”总结道：“最近推出的新产品少是由于财务部门削减了研发预算。”财务经理马上接上解释：“公司采购成本在上升，我们必须削减。”这时，采购经理跳起来说：“采购成本上升了10%，是由于矿山爆炸了，导致不锈钢价格急速攀升。”于是，大家异口同声地说：“原来如此。”言外之意便是：大家都没有责任。

最后，老板终于发言：“这样说来，我只好去考核这座矿山！”

这样的情景经常在不同企业上演着——当工作出现困难时，各部门不是先找自身的问题，而是指责相关部门没有配合好自己的工作。其实，企业在运作中并不怕出现问题，就怕出了问题后无人过问，大家装作什么都不知道，什么都没发生过；即使知道出了问题、也相互推诿、扯皮，责任能推就推，事情能躲就躲。最后，问题只有不了了之，老板被“绑架”。

请问，这些情景背后折射的问题到底是什么？我们经常挂在口头上的

“经营企业”到底在经营什么？

我们在做经营的时候，最根本的还是人。人是什么？答案非常简单，那就是人心。然而，在企业经营中，大多数企业经营者都往往忙着做事，而忽略了对人心的注重。一旦企业经营者进入到对于人心的思考，能够用经营的思想来撬动人心，那么这家企业是幸运的，也是成功的。

经营这门学问，它不应该是知识，也不应该是理论，而更应该是一门实践的哲学智慧。

哲学者，有智慧之人也。一个企业若能在一个有思想和哲学眼光的企业家的领导下，那这个企业一定是幸运的、富有持久生命力的企业。思想家、哲学家不一定是成功的企业家，但是成功的企业家一定要具有思想家、哲学家的洞察力与思维能力。

拥有雄厚的资金实力、先进的生产技术，对企业来讲是至关重要的，但这些不能保证企业在市场竞争中取得胜利。尤其是在21世纪的今天，企业在竞争中能否取胜，越来越决定于经营者的经营管理思想。正如有句话说的：一种思想可以改变一个时代；同样，一种新的经营思想可以改变一个企业的命运。

（3）用经营思维把管理做简单

过去30年，中国大部分企业一直在强调所谓的管理，因此企业一大了以后就出现沉重的管理负担，就是管理过重，而经营心房打不通了，最后气血无法流通，利润没有了。

我在2008年就已经发现了这个现象，因此，我提出来的一个最简单的观点，就是要“用经营思维解决复杂的管理问题，把管理简单化”。

作为企业始终如一的生存法则，企业经营最后的目标是要获得利润。既然是要利润，那么请大家记住，尤其是中小企业，我们要的不是规范的管理，当你的管理太过于规范，就会带来运作缓慢的沉重包袱。为了把管理做到无数的精细化，最后你会发现大量的规章制度要人去维护和执行，结果你会发现流程和制度越来越厚重，全员却丧失了统一获取利润这个核心目标。

如，每个人都在为完成流程和KPI而工作，这样一来，都是为了自身小利益，算小账而忽略大账，结果部门的KPI还会置于企业KPI之上，所以部门墙日益厚重。最后流程制度越多，企业反而没有利润了。

我们需要把握的不是复杂管理的问题，而是简单的经营。经营是目的，管理是手段。管理是为经营服务的。只有这样，企业才能够真正地有的放矢，灵活地应对市场的变化。

一切不以获取利润为目标的管理都是浪费资源。98%品质合格率非要提升到99%，其付出的是沉重的成本。如此一来，为了管理而管理，显示管理者权威，却背离了经营的真髓。

经营与管理的区别在《阿米巴经营实践指南》一书中已经有充分的阐述，在此不再重复。

3. 解放老板的自主经营

【理念+算盘】自主经营在当今被誉为最符合人性、最有效率的经营管理模式，也即是国人常说的“无为而治”的管理。因为自主经营必须构建以下关键系统，一旦齐备，员工就会自动自发工作，再也不是听老板指令干活，而是达成组织自运转。

（1）用哲学引领人

京瓷集团取得举世瞩目的成就与其系统的经营哲学密不可分。京瓷哲学本质上就是稻盛和夫价值观的高度凝聚化的产物，它以“做人何为正确”作为经营原点来判断企业经营活动对错的根本标准，这一符合大道的朴素认识论成为京瓷所有经营行动的根本指南。

这一理论，因稻盛和夫在经营实践中不断追究事物本质和叩问作为人的良知而产生。这种符合大道的经营哲学部分是稻盛和夫受到中国传统智慧的影响，但对其影响最大的还是日本文化，尤其是日本鹿儿岛的地方文化的浸润。

以心为本的利他经营，是京瓷哲学第二个根本。在此基础上京瓷建立了以人为本的经营管理体系，以文化为核心的日本共同的管理模式，即强调与人相关的大道本质文化、观念、整体与局部、竞争与协作、协商一致、结合、关心、透明、小组、交流沟通等。

京瓷以“做人何为正确”的经营哲学和“敬天爱人”的经营理念为基础制定了京瓷的12条经营原则，并创立了阿米巴经营体系来保障贯彻到全员每天的经营活动中。

同样如此，任正非提倡的华为价值观“以顾客为中心，奋斗者为本，长期艰苦奋斗！”来指导华为人时刻保持创业的激情。

要用这种哲学来凝聚人心。1935年的松下电子，松下幸之助就明确提出“企业作为产业人和社会公器”的崇高理念，并以“自来水哲学”始终如一地贯穿全员的经营活动中，成就了松下帝国。

（2）回归经营企业及人生的意义

稻盛和夫对经营哲学的思考源于京瓷创立初期11名员工的集体辞职实践。本以为专心致力于技术研究，并将自己的技术推向世界，而让自己的技术得到世人的承认足矣，然而面对创业期员工辞职的请求，稻盛和夫大病一场，在疾病期间对自己的经营观进行了深入的思考。正是由于他技术员出身，不懂得何为经营，从而让他步入到简单朴实的大道，开启了经营的本质思考，始终不断地叩问“作为人何为正确”“何为企业经营的本质”“企业存在的意义”等命题，而这一切正是认识论的起点，由此培养了稻盛和夫回归东方哲学的思考方式。“作为人何为正确”才成为稻盛和夫经营哲学的原点，并成为判断企业经营行为正确与否的根本“宪法”。

（3）颠覆常识的思考

稻盛和夫之所以有今天的成就，得益于他不断创新的精神，其根本是对不断追究事物的本质的哲学思考，从不被过去人们普遍定义为常识的现象所迷惑。

京瓷的会计学可以说是一个伟大发明，当然，这也是建立在日本经营者普遍的认知基础上的。使经营管理会计更加进步，从而更好地应用于京瓷实际的经营中，真正成为为经营管理服务的有效工具。稻盛和夫从追究会计应有的本源和业务实际状态出发，不断地提出对财务会计的质疑，与其京瓷早年的财务部长进行探讨，甚至是争论，从而通过不断总结，在遵循京瓷12条经营原则基础上，创造出京瓷的7大会计原则，并建立了自己的核算方法和标准经营会计系统。

在董事成员极不赞成的情况下，稻盛和夫进入KDDI通信领域。在其经营哲学的指导下，他认为只要是“利他”的一定可以成功。然而这在别人认为是企业发展的大忌，和陶瓷技术完全不相干的陌生通信领域是不相关多元化，何况当时已有国内两大通信巨头呢，失败几率简直可想而知。

在精密陶瓷技术开发上，稻盛和夫也是不断垂直攀登，实现了从U型管材料向芯片陶瓷封装技术的升级，在陶瓷封装技术精密程度不断提升，从而奠定了该领域的领导地位，京瓷得以快速发展。

（4）建立赛马机制

企业经营管理一般主要管四样东西：人、财、物、信息。后三者又都要由人去经营管理和操作，人是行为的主体。可以说，人是企业经营管理的根本。因此，现代企业总是把人力资源开发放在相当重要的位置，每个企业都有自己的一套用人理念。

古人曰：用人不疑，疑人不用。韩愈曰：“世有伯乐，然后有千里马。”兵随将转，无不可用之人。一个世界500强的高管转到中小型企业任职，可能还不如小企业内小小的一线人员好用。

为了避免“伯乐”相马过程中的主观性和片面性，作为企业领导，你的任务不是去发现人才，而是专注企业的发展战略，建立一个人才辈出的机制，给每个人公平竞争的机会和环境，给员工比赛的场地，明确比赛的目标，比赛的规则公开化，谁能跑在前面，就看员工自己的了。只有这样，才能让员工在实践中得到锤炼，进而提升和实现自我抱负。

当然，选人永远比育人重要，如果树根都已经坏死了，怎么浇水施肥都无济于事。恰如农民所言，秧苗好就有三分谷子。

（5）量化赋权

大多数企业管理者总觉得自己企业的管理控制还不够，都在努力做加法：仅仅一个绩效考核手段，就有多种工具，如岗位评价、360度评估、KPI 等。

这无疑是猫捉老鼠的游戏。人是地球上最有智慧的动物，这种智慧不仅仅包括创造和改善，还包括破坏和逃避，所谓“上有政策，下有对策”。员工常居一线，以一个人的智慧与几百人的智慧相抗衡，根本无济于事。况且制度总有缺陷，为了防范，还得寻觅另一个方法来应对，如此循环往复，必然陷入为了管理而管理的牢笼。

当下，移动互联网、物联网、人工智能、工业4.0等新科技浪潮席卷而来，每个行业正在被改写未来。若还以旧有的传统模式管理员工，胶柱鼓瑟，定是老牛拉破车，被未来抛弃。

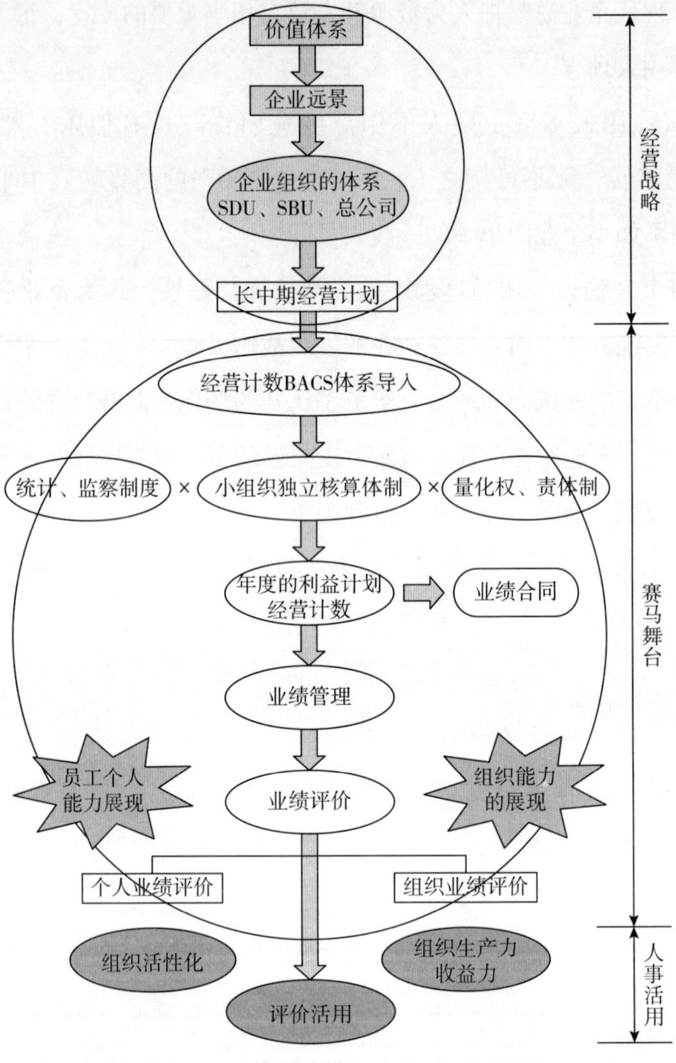

要知道，员工是领导大脑的延伸，而不是奴才。员工的创造性不是被考核出来的，而是被激发出来的！最好的办法就是通过量化赋权，让员工和你一样，思考并关注销售额、关注利润，这样大家才能够不再相互博弈。

此处的“赋权”，放的是费用计划使用的权利，而使用这项权利的前提是理念一致性和责任认同。比如，为了达成业绩目标，营销部门要求促销费用，这是它的权利，但同时也要承担权利背后的责任。另外，通过“经营会计损益表”，让员工不但要对过程负责，更要对经营的结果负责。

这就是经营企业的最高境界——让员工自动自发地做事。如果我们做不到这点，将来必是劳而无功。对数字赋权的本质，其实是清晰的结果责任。只有充分量化赋权，才能无为而治。

（6）看清经营实际状态

企业经营是高度复杂流动的系统工程，财报数字只不过是各种内外真相交互作用的综合性整体结果，不能以此作为判断企业具体业务板块的经营状况，因此，很多企业虽然知道是亏是盈，一旦深入提问，哪里亏，哪里赚，根本说不清楚，甚至表面有利润，实则离破产近在咫尺了。

要把企业的问题看清、看透、看系统，必须把大企业化成小组织，把市场交易引入内部，每个小组织像一个公司一样经营，各小组进行买卖，并就买卖的结果进行多维度独立核算。任何一个企业，不管是资源、资金、技术还是人才都是有限的，不可能把有限的资源平均分散投入到每一个板块中，这个产品、客户、渠道、部门赚不赚钱，只有依托经营会计，通过多维度核算，把最能够创造利润的最小单元找出来，然后把优势资源进行集中投入，才能够让价值最大，投资收益最高。

企业真正的财富不是表面的数字，而是能洞穿纷繁表象作出正确判断的智慧。以此，我们每次开会都要求经营主管不止要报告数字、结果，更要说明成因、市场趋势和计划、行动，目的就在于培养员工透过数字看清趋势，知所应变的能力。

为何企业越大现场越混沌，原因在于各种信息混杂在一起，相互干扰。越到企业决策层，数据越可能层层加工，失去原始状态，掩盖真相。自主经营首先是根据经营的要求将组织细分到完全可以看得透明为止，并把每一段整合性的业务划分成一个经营体进行独立核算。

每个经营体都有自己的销售额、费用和利润及时间指标，整体的“公共费用”和“总部费用”由各经营体按一定比例分摊。

经营会计损益表

项目		部门
销售额		100000
变动费	销售成本	60000
	其他变动费	5000
	变动费利息	/
	合计	65000
边界利润		35000
固定费	人工费	10000
	设备设施费	15000
	其他固定费	5000
	固定费利息	/
	合计	30000
经营利润		5000
投入人员数（人）		2000

通过分层核算，逐级叠加，最后形成全公司的核算。对于基层，各经营体员工可以了解现场实态，哪种改善有效，哪种改善无效都能及时掌握，并在第二天就可以与其他经营体分享。

上表就是单式记账的流水账，全员都能看得懂也都会用，所以全员都会算账。各独立核算的经营体的领导人由于现场规模小，所以更容易把握现状，发现浪费。这样，即使对经营一窍不通也可以找到解决办法。由于分层核算，非常清晰，到决策层的第一手信息都是订单总额、销售额、利润、劳动时间、单位时间核算等各方面数据，简洁地反映了全公司最新经营状况。

同时根据需要，决策层又可以将数字层层拆解，对于基层情况就做出精准判断，从而有效地实现自上而下与自下而上相结合的统合经营。

每一张报表的数字都是一个法相，而相由心生。数据呈现实相，是员工内心的反映，也是经营现场的投影。所以每一个数据就像活生生的现场，经营者看经营会计报表就像放电影一样。经营会计报表的数据都是基层员工自己填报，是第一手数据。员工对每个数字了如指掌，就能简洁直白地知道问题出在哪里，从哪里还可以改善。

（7）快速培养大量经营人才

在这个处处充满不确定性的新经济时代，经营者正在成为中国企业未来发展的天花板，而且是最大的风险。有研究表明，世界每 1000 家倒闭的大企业中，就有 85% 是因为经营者没有尽到这三点责任造成的：其一，清晰发展方向；其二，搭建有效的激励体制；其三，建立一套能很快培养经营人才的机制。

那么，经营者究竟该如何避开这三个雷区？从腾讯、华为、阿里中国三家顶级大公司的亲身实践，或许我们能得到些启发。

案例一　　腾讯：一旦做大，独立成军

在部门业务的事项上，相关责任主管的意见很受重视，“谁主管，谁提出，谁负责。”“一旦做大，独立成军”成为腾讯内部不成文的规定。

这一模式无形中造就了“赛马机制”，我们看到，后来为腾讯带来众多“意外”的创新，如 QQ 空间、QQ 游戏乃至微信，都不是顶层规划的结果，而是来自基层的业务单元的独立作业。

在关系到公司整体战略的事务上，以达成共识为决策前提，若反对的人多，便会被搁置，而一旦为大多数人所赞同，反对者可以保留自己的意见。

在这一过程中，马化腾并没有被授予“一票赞同”或“一票否决”

的权力，他看上去更像是一位折中者。

2005 年，腾讯宣布进行第二次组织架构调整。公司的组织架构被划分为 8 个序列，分别由 5 个业务部门（企业发展系统、无线业务系统、互联网业务系统、互动娱乐业务系统、网络媒体业务系统）和3个服务支持部门（运营支持系统、平台研发系统、职能系统）组成。

此次调整，意味着事业部制度的形成。各事业部以产品为单位，专案开发，分工运营，从此腾讯“一分为多”“兄弟爬山，各自努力”。

在这个架构中有一个非常微妙的安排：腾讯所有的业务基础都来自于流量，然而，在组织架构中并没有一个类似于“总参谋部”这样的机构来进行流量的统筹配置。

这一职权其实被掌握在了“总办”手上。也就是说，腾讯的组织机构类似于“大权独揽，小权分散”的模式，各事业群的负责人在业务拓展上被授予了最大的权限，但其命脉始终由最高决策层控制。

在一次内部高管会议上，马化腾说：未来 5 年，腾讯最大的挑战就是执行力。市场怎么样，大家都看得见，但不一定都拿得住。

通过完整的指标体系和组织架构保证压力的传导，通过严格考核和末位淘汰制留住好的人才。所有这些，把腾讯打造成了一个不依赖个人精英，而是依靠体制化动力的成熟体系。

案例二　阿里巴巴：为了活命，战略是打出来的

2018年6 月 8 日，阿里巴巴集团股价创两年半前上市以来的最大单日涨幅，收于纪录高点 142.34 美元，市值超过 3600 亿美元，超过腾讯，成为亚洲市值最高的公司，牢牢站在了全球前十大上市公司行列。

如此规模的大公司，十几年来，其业务常“分分合合”：在外界看

不懂的时候，把支付宝和淘宝分开了；在阿里妈妈独立发展也很好的时候，又决定把阿里妈妈“塞回淘宝的子宫”。

后来，淘宝又被一分为三。但幸运的是，虽然分分合合，却一直未偏离航向，这是为什么？

据媒体报道，为保证整体战略的延续性、稳定性以及执行管理的快速反应和创新能力的平衡，阿里成立了集团战略决策委员会（董事长担任主席）和管理执行委员会（CEO担任主席）。

而2015年，《财经》援引阿里内部员工的观点透露，所谓集团战略决策委员会其实是一个“虚职”。

事实上，在阿里，业务的决定权由管理执行委员会来决定。而未来阿里的管理执行委员会将以马云为首，旗下是张勇、彭蕾，再下面是行癫、俞永福等总裁，再往下是阿里几十个副总裁，副总裁之下是中层和员工，呈现金字塔结构。

2017年年初，阿里巴巴集团CEO张勇在湖畔大学上分享了自己战略决策的核心秘籍。张勇认为，战略是打出来的，已经总结出来的战略基本跟你没关系。

“世界上聪明人很多，勤奋人也很多，既聪明又勤奋的人更多。那跟你有什么关系呢？肯定是世上本没有路，为了活命，先搞条路出来。”

举个例子，双11怎么来的？张勇称，双11是为了活命来的，为了活命想出来的，2009年是第一次，那个时候的状态，在艰苦的突围找出路的时候，东试试看、西试试看。

美国有一个黑色星期五的节日，那么我们也试试看。后面根本没有想到，就是为了活命的事情，让大家记住这是我们搞的，人家愿意到我们这儿来，而且分得清楚淘宝商城和淘宝，就那么一点小事情，跟后面的那些东西都是一步一步走过来的。

张勇认为，人才也是在不断调整中实战出来的。

在战略问题上，两点之间距离永远最长，你发现这个战略一进展，就要调整了，本来朝着这个方向走，本来以为要到终点了，但是做着做着，就发觉不对，就要调整，你是走这样一个路。这里面要靠信仰和坚持，同时，大的势要对。

此外，战略还应有灵动性。

张勇用 UC 和钉钉的例子打趣说，“买回来一只鸡，结果孵出来一只鸭，这样的事在阿里常常发生。”

他说，收购 UCweb 的时候，阿里并没有想到会搞出搜索跟信息流，更没有想到，因为对 UCweb 的收购，对高德的收购，使得阿里在无线互联网时代形成了一个基础服务矩阵。

张勇表示，自己更多会思考五年、十年甚至更长时间的事情。所谓花无百日红，产品总有周期，只有整个布局是轮动的，才能避免整个公司的业务陷入集体性的低谷。

案例三　华为：理想体系与现实体系

一定程度上，我们会很容易将华为的成功表象地归结为是任正非这位人性大师的成功，当然，这不可否认。但对于偌大的一个企业，人管是不灵的。需要有一套完善的机制，那么，在华为，它是怎样的呢？

2004 年开始，在任正非的建议下，华为成立了 EMT（经营管理团队），由任正非和孙亚芳、费敏、洪天峰、徐直军、纪平、徐文伟、胡厚崑、郭平“八大金刚”组成，实行集体领导、集体决策。

除了 CFO 纪平的工作过于专业而相对稳定之外，华为的其他七员大将都没有固定的分管领域，而是在市场、研发、人力资源等部门轮流坐庄，一方面有利于熟悉各业务领域，另一方面又能防止形成小圈子。

2011 年之后，华为开始实行轮值 CEO 制度，集团层面由 3 位轮值 CEO 各自主持半年，实际上仍然是集体领导，集体决策。

不同的是，华为又成立了运营商、企业、消费者三大业务集团，将日常的管理决策权下放给了各大业务集团的 EMT。这种新的管理架构有利于各大业务集团聚焦自己的领域，并作出更加灵活的决策。

此外，2016 年 5 月，华为创始人兼总裁任正非与众多 Fellow 召开座谈会时，也简要透露了华为的决策方法。任正非表示，华为有两个决策体系，一个决策体系是以技术为中心的理想体系，一个决策体系是以客户需求为中心的战略 Marketing 的现实主义。两个体系在中间强辩论，然后达成开发目标妥协。

从上面这三个案例看来，企业的死亡不是死于外部的竞争，而是死于内耗。中国有句老话，生意好做，伙计难搁。把人经营好了，培养出人才了，企业就能长命百岁。

所以经营者既是理想主义者，具有浪漫的情怀，又要有脚踏实地的秉性。在浪漫中找到前行的方向，又务实地建立有效的激励体制来快速培养大量的经营人才，唯有如此，才能真正解放老板。

（8）为了让员工的前途一片光明

每一个身在职场的人，都希望自己能够游刃有余，前途一片光明。而实现途径无非有二：一是打铁还需自身硬，只要专业技术或能力过硬，到哪儿都如鱼得水；二是位置决定脑袋，发展有空间。

虽然一个称职的领导者必须是一个万事通，但一个能力强的领导者并不一定能经营好一家企业。有些经营者做事喜欢大小权力一把抓，大小事情统统自己动手，结果让自己整天忙得像只无头苍蝇，而员工无所事事又无事生非。

山西世百瑞机电工程公司的雷总就是一个很典型的案例：因行业因素，员工素质偏低，于是大小事情都是自己奔波。“他们胜任不了，还不如我自己去做更有把握。”所以没有人才成了企业发展的掣肘。

首先，试想一下，如果员工像你这么聪明，和你一样做得好的话，那他们不必当你的员工，早当老板了。其次，从不给员工机会尝试，怎么知道他们做得不好呢？培养人才是要代价的，有哪个老板不是浪费了大量钱财，才培养出能耐的。推己及人，只有让员工花钱犯错才能培养出来，所以老板的胸怀是撑大的。

如果想要员工成为木桶上一块足够长的木板，首先要做到以下几点：

①信任他，给他犯错的机会。

信赖关系的形成是企业经营快乐的前提，也是自主经营的精髓所在。经营人才是锤炼出来的，只有让员工犯错，信任他们，放权给他们决策，让员工在实践中自我经营自我管理，自己学会挑担子，才能真正地培养员工。如果事必躬亲，员工就没有学习的机会了，也不会快速地成长、成熟起来。允许犯错，但同时又要提醒他们绝不允许犯同样的错误，底线原则必须坚守。

②赋权，给他经营决策的权力。

让员工有自主决策权，好像自己当老板一样，获得尊重与肯定，同时要用算盘来对他们进行考核评价。只有这样，员工在依据经营会计报表做计划时，清楚销售额多少、费用多少、利润多少、边界利润率多少，做决策后才能知道投入了多少费用，产生多少收益，费用为什么这么花，以后怎么进一步改善等。通过不断地循环改善培养人才，实现利润的增长。有了利润的增加，员工能拿到更多的奖金，最后实现物质与精神的双丰收。

③细分市场多挖坑，让“萝卜”找坑。

作为老板，首先是要细分市场，按照不同客户属性来划分SBU（战略的商业单元）来经营。SBU找得越多，员工空间就越大。不够了，再去找SDU（战略的开发单元），老板把更多的精力开发SDU新项目，员工就像一个萝卜一样：SBU 有了，相当于是有了坑，然后把萝卜装上去，一个萝卜一个坑。这样员工才有更多的发展空间，企业也就自然规模大了。

雷军之所以能用8年时间做到1000亿，就是不断开发SBU，1000个SBU，一个SBU赚1亿，就做到了1000亿。

江苏宇彤科技有两个工厂，一共800人左右，企业的传统业务以联丰织造厂为主，产品主要以面料服装、家纺为主。而董事长范总是营销出身，对于生产管理实在头痛，企业赚了多少钱，亏了多少钱，完全是一笔糊涂账，对员工的管理也是无从下手。

后来通过【理念+算盘】自主经营的学习，梳理SBU，对企业做了全面升级，重新定位，搭建赛马平台。在原来事业部的基础上，通过划小经营单元，建立“123”模式——以一个人为主，三人小团队作战及（1+N）123模式、子公司合伙人模式。宇彤科技新的SBU有定制毛巾、定制睡衣、裆裤等若干个品类，为员工成长提供了空间和平台，每个员工都可以在这个平台上跳舞，很快就打开了经营局面。

如今，不管是管理成本、效率，还是客户的满意、相关财务数据，相较过去都已面貌一新，整个团队做任何事情都有一股劲、一股激情。宇彤科技也成长为主要是纺织用品的柔性生产，以及提供纺织类供应链的系统性服务，包括数字工厂，形成了以实业咨询和软件为一体的现代化产业型的公司。

总 结

当下，打造幸福企业是信息化时代的大趋势：企业变成员工的平台，每个员工都可以在这个平台上施展抱负。员工变成“老板”，思考、决策，关注业绩更关注利润；而老板变成最大的服务员，建立机制、提供资源，让每个奋斗者、贡献者有所回报。真正实现“以客户为中心，以奋斗者为本”，贡献者多劳多得的经营。

实际上，【理念+算盘】自主经营模式，是从利他的经营理念到数字经营法的综合思想。是从共生的商业模式的顶层设计到平台型组织形态的彻底变革，以及共创共享的经营机制构建，直至日常清晰小组织独立核算的综合经营手法。

用行动感染人、需求激励人、原则指导人、理念引导人、算盘成长人、体制选拔人、赋权培养人、数据识别人。【理念+算盘】自主经营是以人为本，以客户为中心，以贡献者为本，让员工回到创业的状态，成就员工，解放老板的经营模式。

无论是松下幸之助、稻盛和夫、还是王永庆、任正非，所有经营之圣的成功秘诀都是“一手理念，一首算盘”，快速培育经营人才。它能实现全员“自约束、自组织、自驱动、自经营、自激励、自进化”的六自管理状态，人人成为经营者，从关心自己口袋，到关心企业的利润。这种无为而治经营是管理的最高境界，也是多少老板梦寐以求的，所以【理念+算盘】自主经营已然成为众多企业向幸福企业进发的必由之路。

用大企业的思维做小企业，小企业才能壮大；用小企业的手法来经营大企业，大企业才能做强。

第二章

经营真谛

每一个伟大的故事都有不同的精彩，如同色彩斑斓的蝴蝶，虽然每一个个体都有不同的美丽，然而她们的生命历程依然相同，五彩缤纷现象的背后却是完全一样的规律。

——田和喜

1

长寿日企的经营秘诀

1. 长寿企业做对了什么？

做企业就要做成百年老店。对于真正的企业家来说，能够让凝聚着心血的企业达成基业长青，绝对是梦寐以求的事。那么，怎样才能做成百年老店呢？

根据一组数据，在日本有260多万家公司，其中百年老店达25321家，超过200年的企业有3939家，300年以上的有1938家，500年以上的有147家，而更令人吃惊的是1000年以上的企业竟然也有21家。其中排名第一的最古老的企业叫做金刚组，是一家木结构建造公司，创立于公元578年，是现在世界上存续历史最悠久的一家企业。从创业历史来看，它已经有接近1440年的历史，并且因此入选了吉尼斯世界纪录。

为什么日本会有这么多的长寿企业呢？为何过去幅员辽阔、物产丰富、人民勤劳智慧的泱泱大国会被一个只有弹丸之地、曾经蒙昧落后的日本欺压半个世纪之久呢？他们到底做对了什么？

（1）家业传承的强大意志力

日本文化里，使家业存续，把家业传承给自己下一代的意志非常强烈。从16世纪到19世纪中叶，日本处于相当长时期的封建制社会，这样背景下最重要的就是家业的存续，这是想方设法让企业长寿的一个最重要的原因。

日本企业怎么培养自己的接班人呢？

一般有两个关键点：首先，在孩子还小的时候，就不断灌输一个观念，这家企业以后是你来掌管，你有责任学习、成长，对企业负责；客户与供应商也会配合做孩子的思想工作。客户会讲：贵公司与我们公司一直以来配合得非常好，我非常需要你来传承这个公司，继续把公司经营好，持续给我们供货，否则我们的供应链有风险。供应商会讲：我们与贵公司配合了很多年，贵公司一直非常讲诚信，请您一定要传承好贵公司，否则会影响我们很多员工的生活与工作，我们需要您的支持与帮助。第二，孩子大学毕业之后，就进入企业工作，但需要从基层干起，与其他员工完全一样，能力提升到符合要求之后，才会得到提拔。这其实关乎继承人的三个核心点：第一是有意愿继承；第二是有能力继承；第三是有威望继承。

（2）重视教育和人才的培养

日本前文部大臣荒木万夫曾经指出："从明治以来，一直到今天，我国社会和经济的发展，特别是战后经济的发展非常惊人，为世界所重视，造成此情况的重要原因，可归结为教育的普及和发展。"

美国著名发展经济学家舒尔茨说："战后日本物质资本存量几乎荡然无存，但其国家财富中的重要部分——具有知识水平的人还大量存在。"

日本重视教育的历史可上溯到明治维新时代。早在1872年明治政府颁布《学法令》时，就在《学制布告》中提出了一个非常明确的口号，要在全国做到"邑无不学之户，家无不学之人"。接着，1886年明治政府宣布在全国实施义务教育，大约经过30年的努力，终于在全国范围内普及了初等教育，其速度之快在世界教育史上是首屈一指的。

而且从年代上看，日本也是世界上最早在全国范围内普及义务教育的国家，比美国早4年，比法国早10年。正如日本前内阁总理大臣福田赳夫在一次施政演讲中所说的："人是我国的财富，教育是国政的根本。"这应该是日本崛起奇迹的根源。

（3）透彻的匠人精神

整个日本国内不仅是企业的经营者、管理者富于工匠精神，普通的员工也非常重视工匠精神。在众多的日本企业中，"工匠精神"在企业领导人与员工之间形成了一种文化与思想上的共同价值观，并由此培育出企业的内生动力。

不仅仅是要为顾容提供最好的商品以及服务，不仅仅是来满足顾客需求，在实现顾客需求的时候，甚至不惜牺牲自己和自己的利益。在日本企业当中，都具有这种非常传统又古老的特征。强调的是以一种诚实负责的态度经营企业，通过社会价值的积累，稳定企业的长久发展。

这就是端正经营方针，在任何时候都只赚合法的不昧良心的钱。透彻是匠人精神，是执着，是通过精益求精的产品或服务质量，确立和保证自己的市场竞争力。在获得社会认同的基础上，稳定企业的发展，实现经营的长久。

盛田昭夫说："日本企业之所以能在短期内取得飞跃进步，奥妙就在于企业经营者始终认为日本在一切领域中都落后于他人，从而产生一种紧迫感。他们情愿以欧美各国的学生自居，坚持交学费，学习经营手法，吸引新技术。"在日本，人们始终不懈地追求效率和生产率的提高，即使是对螺丝刀这样简单的工具也毫不例外，从设计到加工，无不精心考虑、仔细研究。

中国的国情与日本虽然大不相同，但日本百年企业的传承经验却非常值得我们借鉴与反思。

我们究竟要成就一家什么样的企业？如果仅仅把这个企业当成暂时能赚快钱的工具，那完全没有学习日本的必要，因为这种心态不可能成就一家伟大的、长久的公司。

现在都在谈创新，但我们究竟需要什么样的创新？

任正非说“新开发量高于30%不叫创新，叫浪费”，即研发人员研发一个产品时要尽量减少自己的发明创造，应该着眼于以往产品的技术成果，以及对外部资源进行合作、交换或购买。

华为一直坚持的是“每年拿出销售收入的10%作为研发收入”这一原则。更高的原则是：不能拿“看似富裕”的研发资金去做离市场需求太远的事情，华为并不醉心于对最好、最新技术的追求，而是立足为客户提供性价比最高的产品。

这方面华为吃过亏。华为最初对“创新的根本内涵”理解也是模糊的，以至于早期在追求“纯粹技术创新”文化引导下，开发的交换机和传输设备遭到了运营商的大量退货和维修要求，因为这些产品过度强调了自主创新，而忽视了通信行业客户的一个基本需求趋势：对已成熟技术的继承，是提高产品稳定性和降低成本的关键。

从那时起，华为就在倡导一种“继承式创新”，其内涵就是：反对盲目的创新，而经过理性的借鉴、仿造、拼装，都可以视为创新。

我们似乎变得太快了，今年做这个东西，明年做那个东西，快到企业究竟要做什么都说不清了。但是我们不变的东西是什么？我们是不是缺乏一种不变的东西？一个企业如果全是变的，而没有不变的东西，那么这么不稳定的企业恐怕难以长久。

总之，企业要发展，生存是前提；关门倒闭了，就没有任何发展可言。并且对于大多中国企业家而言，特别需要理解的是生存本身就是发展。世事在变，市场在变，在这种变中维持生存，保持存在，就是通过发展顺应了这种变。所以，企业经营长久，组织长寿，即使规模没有实现扩张，也是另外一种发展，只不过这种发展是与时间同步进行的。衡量企业价值，可以用下面公式。

企业的社会价值=企业规模价值×时间价值

从这两个维度来看，不是所有企业都要一味做大，做强做久也是一种巨大的社会贡献。

2.《论语与算盘》奠定日企经营根基

研究今天的日本企业的经营手法，不得不提到被誉为“日本企业之父”“日本企业创办之王”“日本资本主义之父”“儒家资本主义的代表”、日本现代企业制度株式会社的创始人——涩泽荣一。

涩泽荣一一生业绩非凡，参与创办的企业、组织超过500家，包括东京证券交易所。这些企业遍布银行、保险、矿山、铁路、机械、印刷、纺织、酿酒、化工等日本当时最重要的产业部门，其中许多至今仍在东京证券交易所上市。更重要的是，他热衷于西方经济制度的引进和企业形态的创新，创办了日本第一家近代银行和股份制企业（第一国立银行），率先发起和创立近代经济团体组织。在实业思想上，他把来自中国的儒家精神与效仿欧美的经济伦理合为一体，奠定了日本经营思想的基础：“《论语》+算盘”的经营。

涩泽荣一自幼便修习汉学与剑术，但明治维新改变了他的命运。1867年，他作为日本使节团成员出席了在法国巴黎举办的万国博览会，后又在欧洲游历将近二年。当时欧洲的产业发展和经济制度给他留下了深刻印象，这为他以后的活动奠定了基础。回国后，他受明治新政府之聘在大藏省任职，并升任大藏大臣。他直接参与了新政府的货币制度改革、废藩置县、发行公债等几乎所有重大政策的酝酿和制定。

1873年，33岁的涩泽荣一已经成为主管国家预算的大藏少辅。但是，涩泽荣一递交了辞呈，弃官从商。下海后的涩泽荣一做的第一件事，就是组织创办了日本第一家股份制银行，并由此开始了自己极具传奇色彩的企业家生涯。

当时他以大藏省官僚的身份，从国家经济制度的高度来审视和研究引进并普及股份公司制度的意义及其存在的问题。他认真总结相关教训，认为通商会社和汇兑会社的失败，虽然是官商作风横行企业、经营者不思进取的结果，但最基本的问题在于政府本身缺乏民营经济思想，民间工商业者对股份公司的本质也缺乏必要的认识和理解。两相交错，导致股份公司在日本的变味。于是，涩泽从普及股份公司的ABC做起，以保证这种新型治理结构在日本的实施推广。在1871年撰写了一份《立会略则》，后来又撰写了《论语与算盘》一书。

涩泽荣一将《论语》作为第一经营哲学，他在《论语与算盘》中总结自己的成功经验就是：既讲精打细算赚钱之术，也讲儒家的忠恕之道。

涩泽荣一认为，传统观念总把“义”与“利”对立起来，这从中国古代到西方古代都有种种说法，如中国儒生有“为富不仁”之说，古希腊的亚里士多德也有“所有的商业皆是罪恶”的论述。这些观念的形成当然是与一些不法商人的种种不当牟利有关，以致形成“无商不奸”的看法。但是，当把这种观念绝对化之后，对国家和社会的发展却产生了极大的害处。

因此，他认为自己的工作就是要通过《论语》来提高商人的道德，使商人明晓“取之有道”的道理；同时又要让其他人知道“求利”其实并不违背“至圣先师”的古训，尽可以放手追求“阳光下的利益”，而不必以为与道德有亏。他说：“算盘要靠《论语》来拨动；同时《论语》也要靠算盘才能从事真正的致富活动”。

因此，可以说《论语》与算盘的关系是远在天边，却近在咫尺。他认为，“缩小《论语》与算盘间的距离，是今天最紧要的任务。”因为不追求物质的进步和利益，人民、国家和社会都不会富庶，这无疑是种灾难；而致富的根源就是要依据“仁义道德”和“正确的道理”，这样才能确保其富有持续下去。

为此，他提出了“士魂商才”的概念。也就是说，一个人既要有“士”的操守、道德和理想，又要有“商”的才干与务实。“如果偏于士魂而没有商才，经济上也就会招致自灭。因此，有士魂，还须有商才。”但“只有《论语》才是培养士魂的根基”，因为“所谓商才，本来也是要以道德为根基的。离开道德的商才，即不道德、欺瞒、浮华、轻佻的商才，所谓小聪明，绝不是真正的商才”。此所谓君子厚德载物。

他认为，后儒对孔子学说误解最突出的是富贵观念和理财思想，他们错误地把“仁义正道”同“货殖富贵”完全对立起来。所以，涩泽对孔子的财富观作了一番论证和说明。他对《论语》和《大学》有关论述的分析表明，孔子并无鄙视富贵的观点，只是劝诫人们不要见利忘义，不要取不义之财，也就是《论语·泰伯》所说“邦有道，贫且贱焉，耻也；邦无道，富且贵焉，耻也”。

人们对孔子“义利观”最严重的误解是把“利”与“义”完全对立起来，结果是“把被统治阶级的农工商阶层人置于道德的规范之外，同时农工商阶级也觉得自己没有去受道义约束的必要”，“使得从事生产实业的实业家们的精神，几乎都变成了利己主义。在他们的心目中，既没有仁义，也没有道德，甚至想尽可能钻法律的空子去达到赚钱的目的”。

但这种利己主义会把国家送上不归路，正如《大学》所说：“一人贪戾，一国作乱。”就是说，由个人的贪戾这种细微小事发展下去，就会导致国家动乱这类惊天动地的大事。所以，修身养性，提高道德是不能忽视的。另一方面，他又认为，空谈心性，鄙视实业，也是导致国弱民贫的一个重要原因，所以他强调指出：“仅仅是空理空论的仁义，也挫伤了国家的元气，减弱物质生产力，最后走向了亡国。”

他主张，“谋利和重视仁义道德只有并行不悖，才能使国家健全发展，个人也才能各行其所，发财致富。”他还以自己的经验来说明《论语》与“算盘”可以一致，并行不悖，并明确表示一定要把《论语》作为商业上的“经典”。他的工作“就是极力采取依靠仁义道德来推进生产，务必确立义利合一的信念”。

全体国民都希望富有，但人有贤与不肖之别，有能与不能之差，谁都不应期待与某某一样富有，而且，财富的平均分配只能是一种空想。

涩泽荣一是奠定日本工业化基石的大师。他不仅在实业领域成就卓著，而且在管理思想上独树一帜。他接受并在日本推广了现代银行制度和股份制企业治理结构，在日本近代企业的创建发展上做出了不可磨灭的贡献；他提倡的“《论语》+算盘”式经营理念，以儒家思想和道德伦理作为自己的立足点，吸收了西方资本主义经营之道，成功地实现了经济思想由传统向现代的转化。也正是由此，才推动了日本明治维新的成功。

正因为涩泽荣一对东方儒家文化有力的继承和再创造，他被看作“儒家资本主义”的代表。他切切实实地影响了日本的历史进程，而且他的经营理念至今仍然有着极大的影响。在一定意义上，涩泽荣一已经成为日本企业经营管理的典范和象征。他的大师地位，已经融入近代以来的日本社会氛围。然而在日本“半部论语治天下”的境况实现了，而论语的发源地中国却“瑰宝不识”，甚至不用，这值得我们深思。

3. 失败各有不同，成功却惊人相似

在任何时代，总会看到持续增长的优秀企业，即使在今天不确定性成为常态的环境下，很多企业都在为经济增速放缓、全球经济疲软而担心的时候，依然可以看到一些优秀企业的强劲增长，比如谷歌、苹果、亚马逊、华为等。

为什么会有这样的情况出现？这些优秀企业的根本特点是什么？

托尔斯泰有句名言：幸福的家庭都是相似的，不幸的家庭各有各的不幸。企业亦然。失败的企业常常败因各异，而成功的企业往往殊途同归。

在持续研究与实践【理念+算盘】自主经营的10年间，我得以接触到了很多世界500强及隐形冠军，也研究了很多中国优秀的企业，特别是那些保持持续增长的优秀企业。通过总结它们的经验，我发现，每一家成功的企业都具备这样几个特点。

（1）增长型组织，勇于变革

为什么一些企业能够持续成长，持续应对外部环境的变化，无论是技术更新、经济危机以及行业调整？

不管是日本松下、京瓷，还是美国的IBM，或者是我国的华为、海尔、美的、格力、燕京漓泉啤酒、阿里巴巴、腾讯公司等，它们在发展高峰时，总是能够面向未来，提前布局，主动变革，不断地修炼内功，寻找未来的机会，尤其是在萧条期之前，尽全力打造企业高收益体质。

打造企业高收益的经营体质，是预防萧条的最佳策略。

为什么？因为高收益是一种“抵抗力”，企业即使因萧条而减少了销售额，也不至于陷入亏损。高收益又是一种“持久力”，高收益企业有多年积累的、丰厚的内部留存，即使萧条期很长，企业长期没有盈利，也依然承受得住。另外，此时还可以下决心用多余的资金进行设备投资，因为萧条期购买设备比高涨期便宜许多，同时还可以引进大量的优秀人才。所以稻盛和夫一直强调：公司没有10%的销售利润率，就算不上真正的经营。

正是长期保持增长的底气，让它们勇于面对不确定性；而很多时候，一些企业总会因为各种原因，陷入停滞或者被动。

（2）数字化经营

当机会出现时，着眼主动出击、变中求胜的企业领导人会更加积极地推动数字革命。正如通用电气电力及水处理集团总裁史蒂夫·伯兹所说：当今时代，所有的企业领导人都必须对大数据有所了解，不仅要知道它是怎么回事，而且要懂得如何加以利用。每个人都必须从头开始，重新学习。这也是给中国传统制造企业管理者的建议，不管是否有资本投入，数字化改造都需要从头开始，重新学习。

苏宁电器的转型就是传统企业转型的实战案例。在过去几年里，苏宁电器力图转型为线上线下的“全渠道”零售商，于是在数字技术方面大举投入，希望增进对客户的了解，提升客户的购物体验。此举一方面要利用其既有的技术力量，另一方面基于其对客户购买全过程的认知。因为它发现在购买过程中，客户会选用多种渠道，比如上网比价、店内体验、上网订购以及亲自退货等，于是苏宁便考虑如何根据顾客的不同，最快捷地把商品送货到家。此时，算法也能发挥功效，比如从附近的仓储中心或零售门店调货等。零售企业能否只做线下，不做线上？对于这个问题，苏宁电器更名为苏宁云商的时候，就已经给出自己的答案。

（3）了解并超越客户的需求

今天是一个巨变的时代，每个人都在变化之中，这是事实，也是挑战。但是，无论如何改变，有一点是不变的，那就是为顾客提供价值，这是一个永恒的主题。无论变化的是什么，政策环境、全球化冲击、社会潮流还是技术革新，不变的关键永远在于捕捉顾客痛点，解决顾客问题，为顾客创造价值。

而创造客户价值甚至是超越客户价值预期，都是在了解客户需求的前提下才能实现的。

稻盛和夫在带领日航恢复盈利时，他选择自己去坐经济舱，一方面除了他所说的为企业节省费用之外，还有另外一个更为重要的原因，那就是能够体验顾客的感受、亲近一线员工。正是由于他能够深入到顾客和一线员工之中，日航在他上任的当年就扭亏为盈，并取得历史上最高盈利的结果。

而海尔为了更加了解顾客的需求，全力提升用户体验，杜绝“自以为是”，从正三角组织转向倒三角组织，实现平台化：员工在最上层，而管理者在最底层，因为员工第一时间了解满足用户需求，各级领导变成员工支持者，员工需要什么资源，管理者就提供什么，每一个一线员工就是第一信息中心。经历了10年的转型，海尔已经是一家完全面向互联网技术的制造企业。

华为为了让听得见炮声的人做决策，放权给“铁三角”。华为“铁三角”是是由客户经理、解决方案专家和交付专家组成的面向客户的作战单元，分别负责前期与客户沟通、中期产品设计和后期交付。“铁三角”的精髓是为了目标，打破功能壁垒，形成以项目为中心的团队运作模式，这是华为在探索管理组织创新的道路上迈出的重要一步。

华为在关键战略管理上实行高度的“中央集权”，组织和运作机制是总部权威的强大发动机在“推”动。

而现在，华为在一线团队铸造了一个个的“铁三角”，并对其分配权力，逐步形成“拉”的机制，准确地说，是“推”“拉”结合、以“拉”为主的机制。当每个“铁三角”拉动的时候，看到哪一根绳子不受力，就将它剪去，连在这根绳子上的部门及人员，一并剪去，组织效率便大幅提高。

管理模式的变革、权力的重新分配促使华为组织结构、运作机制和流程发生彻底转变，每根链条都能快速灵活地运转，重点的交互节点都能够得到控制，而且每个业务流程都有一个绩效负责人。

面对市场巨变，企业不想沦为牺牲品，就得主动出击，引领变化。无论是遵循顾客需求的变化，还是遵循于其他方面的变化。企业需要理解的是，一定要符合市场的客观规律。唯有如此，才会得到机会和成长。

2

《论语》与算盘回归中国

1. 找回《论语》与算盘

《论语》是谁的，算盘是谁的？答案不言而喻，然而将《论语》与算盘高度融合活用于商业经营的却不在中国。半部论语治天下，在一衣带水的日本真正做到了。

（1）左手《论语》，右手“算盘”

《论语》与算盘——合则两利，分则两伤。那么，如何缩小《论语》与算盘间的距离呢？

沿着涩泽荣一的理论，日本企业家开始了长达近百年的实践探索。其中最突出的当属日本著名跨国公司稻盛和夫的老师、阿米巴经营的鼻祖、日本经营之神松下幸之助先生。他的经营思想被称为“一手拿着《论语》，一手拿着算盘”。

为了将《论语》与算盘合二为一，促进企业发展，他创立了系统的经营哲学来指导经营实践，其中以“自来水哲学”“水坝式经营法”和“玻璃式经营法”三项最为突出。在经营术上，他发明了一系列对日企产生长远影响的手法，如事业部制（多SBU共通经营的体制）、终身雇佣制、年功序列制等。其中松下对事业部制经营模式的探索可以看作是《论语》与算盘能否实现全面对接的关键环节。

1927年，松下公司在日本率先尝试建立事业部制。松下幸之助表示：“当企业规模尚小时，只有我一个人进行管理就够了，但是，当企业逐步发展起来时，自己常常是忙于应对，力不从心，因此，必须选择另外的人来分担我的工作，而我委派的那个人就是事业部的最高负责人。这是松下电器公司事业部的开端。其目的是通过事业部的设立，形成一种经营责任，也便于对工作业绩进行考核。事业部之间一定要独立核算，不能将某一个事业部的盈利转到另外的事业部中去。总而言之，事业部是真正考验企业家水平的地方，是出人才的地方。”

以“事业部制”为纽带，松下在实践中不断完善自身的经营哲学和经营之术（经营的罗盘——会计，是“经营之术”的核心），最终实现了《论语》与算盘的系统结合，也成就了松下的辉煌。

（2）“哲学加阿米巴”的经营

上世纪50年代后，越来越多的日企效仿松下的经营思想，其中最著名的当属日本另一位“经营之圣”稻盛和夫先生。他不但很好地继承了松下的经营思想，还将它发扬光大，创造性地将“事业部制”（SBU量化分权）在企业中更进一步深化实施，实现了“阿米巴经营”（Min-SBU及Cell-SBU量化分权）。他的经营之道被称为“稻盛哲学”和“阿米巴经营”。

“稻盛哲学”的核心被浓缩为“敬天爱人”四个字，是一套以“做人何为正确”为基础衍生出来的一整套经营系统思想。他认为：企业在制定规则或制度之前，运作企业的领导必须了解何为“正确的做人准则”，具备“正确的做人原则”的哲学和伦理。如果缺乏正确的哲学和伦理，即便具备了严密的外部规则或制度，也无法起到真正的作用。同时，在开展“光明正大的经营”过程中，还需要具备正确经营哲学的经营管理体系。

企业在确立正确的经营哲学之后，必须让全体员工同样拥有这种哲学。企业还必须建立能够准确、及时地掌握基层组织经营状况的会计制度。他认为，如果会计资料不能够简单及真实地传达现在的经营状态，对于经营者就没有任何意义。中小企业要想健全成长，必须建立一目了然、反映经营情况而且能够彻底贯彻经营者意志的会计系统。因此，稻盛和夫着重强调：现在更需要“为经营服务的会计学”。

“阿米巴经营”是将整个企业划分为一个个被称之为“阿米巴”的小集体（即：在事业部的基础上继续划分的更小经营单位），从公司内部选拔阿米巴领导，并委以经营重任，从而培养出具有经营意识的领导。各个阿米巴自行制定各自的计划，实行独立核算，并依靠全体员工的智慧和努力来完成目标。通过这种做法，让第一线的每一位员工都成为主角，主动参与经营，进而实现“全员参与经营”。

为了让阿米巴经营能够发挥出应有作用，稻盛和夫在制定每一项规则和框架的时候，还要求做到与他的经营哲学保持一致。也就是说，稻盛和夫用经营哲学来指导各个阿米巴开展经营活动，同时通过阿米巴经营体制在实践中贯彻经营哲学。“稻盛哲学”与“阿米巴经营”的完美结合使得稻盛和夫把“义利合一”的思想发挥到了极致。

《论语》+算盘的经营思想被日企普遍吸收和活用，孕育出充满活力、自动自发、富于创新的独特企业文化，培育出以丰田、索尼、本田、松下、京瓷、佳能、软银、三菱、日立等为代表的近百家世界500强企业及众多细分领域的世界冠军。

（3）中国的“理念+算盘”

从2008年金融危机开始，中国企业被逼到了转型升级的风口浪尖，并且随着时间的推移越来越迫切。一方面，外部市场压力造成出口受阻，这导致国内市场竞争压力越来越大；另一方面，人民币对外升值，对内贬值，企业总体成本不断上涨。大批企业陷入困境，经营状况急剧下滑，利润大幅跳水，甚至很多知名企业也出现亏损。

中国传统智慧中蕴含着巨大的财富，《论语》+算盘的经营思想所取得的经营成绩，让国内企业为之赞叹，不少心急的企业照搬照抄。然而，当我们寄希望于“他山之石，可以攻玉”时，结果往往是“橘生淮南则为橘，生于淮北则为枳”。播下龙种，收获跳蚤。

日本的政治、经济、法律、文化、社会福利制度等经营环境与中国不同，阿米巴经营模式只不过是稻盛和夫经营思想的外在形态罢了。如果不能透彻地理解其背后的普遍成功本质，只是像当年博古、李德等机械地照搬照抄“共产国际苏联革命军事理论”一样，学其皮毛而失其精髓，并付出巨大的摸索代价。

如何通过借鉴而指导中国企业产生成果，使之成为推动中国企业迈向整体繁荣的助推器呢？

我认为，中国企业转型升级的核心，就是要解决如何进一步释放企业中人的潜能，实现企业劳动生产力水平和附加价值的提升的问题，其本质是企业经营理念和经营管理方式的转型升级。归根结底是企业经营者是如何认识“人与组织关系”，怎样看待员工的理念升级。

过去30年，中国企业多是学习借鉴西方的管理理念、工具、方法，应用上显得水土不服，不能从根本上解决员工内心“愿不愿”的问题，并以此出发搭建企业的经营管理系统。企业家们也逐渐意识到了这一点，因此不断寻觅良方。而以稻盛和夫阿米巴经营为代表的日本《论语》+算盘经营思想，受到中国企业的广泛认同，激起极大共鸣。

《论语》+算盘经营实学思想体系，源于日本财团对日本代表型企业在自身发展壮大过程中，200年商业经营兴衰成败经验的总结。这些企业所经历的无数痛苦与成功喜悦，是全人类的宝贵财富，只有认真学习借鉴，才会使中国企业少走弯路，少交学费。

2010年10月，根据在日企世界500强住友化学（株）的经营经验，我通过近10年的中国本土化案例，研修、实践、总结并不断验证，创造出中国企业普遍适用的“【理念+算盘】自主经营”完整思想体系（理念、原理原则、工具和方法），破解阿米巴彻底落地难题，为中国企业在“哲学”和“会计”之间架起了系统实践的桥梁。

事实上，如华为流程性平台组织基础上的“铁三角”机动小组织；海尔的网状组织下的“人单合一”；韩都衣舍的“三人小组”制，志高空调的“层层一把手，个个责任人”等等这些中国企业自己的经营模式，虽然表面叫法不一，但其本质的内核仍然是“阿米巴经营”。如果我们把“阿米巴经营”称之为“金字塔组织下的自主经营的V1.0”，那么华为的“铁三角”就是“倒三角组织下的自主经营V2.0”，阿里、腾讯等就是“生态圈组织下的自主经营V3.0”。

所以，中国企业应该是以日本阿米巴经营思想为内核，结合互联网技术，为了同时满足员工和客户个性化的要求，产生大量不同水准进化而来的新经营模式。最终我们经过研究，找到其共性，并将其背后的原理原则体系化总结出来，形成中国企业自己的经营模式。这样，符合中国文化和国情，中国企业自己的“【理念+算盘】自主经营”模式完整理论，在2008年诞生了。

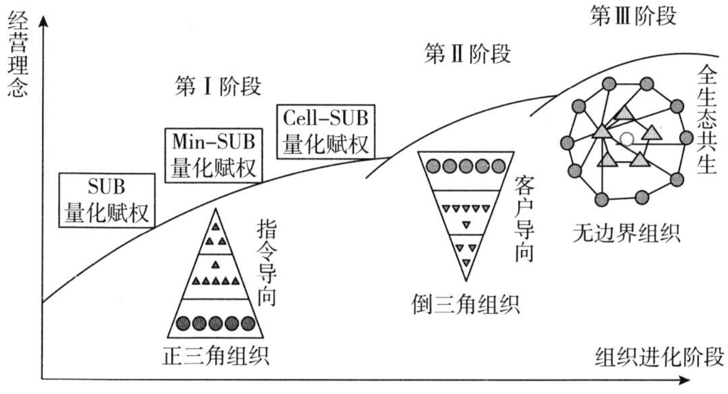

2. 何谓【理念+算盘】自主经营

经过上面的分析，现在我们该下个清晰的定义了。

【理念+算盘】的自主经营就是：

①以利他的经营哲学、理念为基础，经营原理、原则为指导；

②构建细分市场和客户的经营策略；

③搭建赋权赋能型运作的细胞组织体系；

④以年度计划为基础，进行推选领导，实现“量化赋权”直至最小的细胞组织；

⑤引入内部市场化机制，搭建公平、公正、公开的赛马体制；

⑥识别最小利润的单位，依托“经营会计”和“附加值核算”进行细胞组织的独立核算；

⑦以利润作为核心目标，从经营角度展开组织和个人绩效管理；

⑧用量化数据客观评价员工贡献与能力；

⑨构建二元制自主经营性的人力资源体制，实现业务、财务、人事数据融合；

⑩通过“理念”与“算盘”两手抓，实现“自约束、自组织、自驱动、自激励、自经营、自进化”的现代经营模式。

这种以“年度经营计划”为基础，运用“经营会计”和量化落地工具实现“量化赋权”，以知识管理实现赋能，通过每日以订单为主线的核算附加值、月度组织绩效管理、分析、评价和员工绩效考核，抓住企业经营的目标、目的与结果，每个员工都做自己的老板，达成全员主动参与企业经营，实现“员工自我管理”和“自动自发循环改善”的系统经营模式，被称为最符合人性、最科学与最具效率的经营模式。也是契合当今人们个性化需求的最实用的经营模式，它能彻底实现“全员经营，成就员工，解放老板，真正达到无为而治的境界”。

（1）“东方智慧”与“西方管理科学”的集大成

中国改革开放40年来，引进了西方管理科学，也引进了日本的精细化管理等各类经营管理思想。西方的管理科学思想本质主导的是经营管理工具及制度的运用，主要是用来管理控制人事的过程与经营的结果，通过机制来解决人事问题。

不可否认，这种方式在20世纪90年代对中国经济的发展起到了一定推动作用。但随着经济水平的提高，劳工的素质提升及个性化需求，其弊端已经显而易见，诸如引进的BSC、KPI、考核激励制度等等运用起来效果甚微，甚至起到反作用。

而与中国文化有着深厚渊源的日本经营管理思想，在过去的几十年内我们却了解不多，仅限于5S、JIT、TPM、TQM等生产体系的内容，而这些日本精益管理思想，我们吸收和运用的成果也并不明显。原因何在呢？答案在于，首先我们只注重了其表象，不了解其背后的哲学思想和经营的原理原则。其次就是急功近利，想一口吃个胖子。

今天中国也在走日本曾经走过的相似的路，不同的是日本通过引进、消化、吸收西方的管理科学，已经形成了适合自己的独特的《论语》+算盘的经营模式。而这种模式本质上摒弃了西方以人性“自私”为基点而创立的科学管理体系。

西方管理科学是大工业时代的产物，更多强调人作为“工具”承载流程、制度的方法论，基于此的管理科学体系又在一定程度上阻碍了人的创造性，员工成为制度及流程标准化的奴隶，而失去了独有的创造性。

“制度当它诞生的那一刻起就开始腐朽”，只有理念才能真正给予员工足够空间去发挥其创造性，甚至有时必须违反常识性的制度。

因为制度永远没有最完美的，制度只是管理手段和工具，而非经营的目的。奇怪的是，制度越“完善”的企业，利润反而越低下，组织活力越弱，因为只强调按制度执行势必产生官僚僵化。标准化的管理只是手段，在一定程度上却偏离了经营根本，特别是今天信息化社会，更需要的是全员的创新能力。

正因如此，涩泽荣一在19世纪末期就看到了初级资本主义的弊端，他认为商业最终应该是贡献社会，取之于民而用之于民，所以提倡赋予“算盘”以灵魂，即融入中国传统智慧——《论语》的思想主张。从此，日本将东方的传统智慧和西方的管理科学进行了有机结合，到今天已经实现了高度融合，成就了日本100年的繁荣。

21世纪，人类个性越发张扬，以理念及经营的原则作为前提，在根植企业文化共性的过程中发挥全体员工的个性和创造性，【理念+算盘】的自主经营模式势必成为今后中国企业经营的必由之路。

（2）让阿米巴经营“活”起来

阿米巴经营在中国，已成为一种非常流行的经营管理模式，一个具有高热度和高频度的名词。自从稻盛和夫2010年传入中国，大家趋之若鹜，只知其形，未晓其理。囫囵吞枣地读了几本书就开始推行，尝试之后反而引起了副作用，于是有人怪罪阿米巴经营水土不服。然而稻盛和夫为何用它成就了两个世界500强呢？很显然，不是阿米巴经营不好，而是你没有理解它背后的原理原则，就像我们在上学的时候，一上来就解应用题，自然会做错，因此，老师先讲公式、应用条件及运算逻辑，之后才练习解题。

中国实践小组织经营的企业非常多：华为的铁三角、韩都衣舍的三人小组、吉利汽车快乐经营体、澳洋顺昌的内部公司制、燕京漓泉的人车销售模式等，都是阿米巴经营的一种变形形态。它们并没有直接以阿米巴经营名字命名，但思想内核与阿米巴经营如出一辙。

阿米巴经营火起来，也是在2014年开始的，这主要与大环境有关系。

①2008年，美国次贷问题给全球带来的不仅仅是金融危机，随之而来的还有东方对利己自私思想的反思。中国因为过去企业发展对环境破坏的漠视，而付出惨痛代价，国人开始反思到底什么样的发展模式才是和谐的、可持续的。接踵而来的是阿米巴提倡的利他思想，这与中国古人提倡的“天人合一”理念不谋而合，正好接合了这个风口。

②GDP的减速进一步带来红海元年，产能过剩，中国企业普遍面临微利与无利，传统的管理方式已经无法解决新的问题，经营的理念与方法创新随之而起。

③中国引进的管理理论大多数是“教授派”“学术派”，是在图书馆构建起来的“空中楼阁”，而稻盛和夫则是以亲身创业、拯救日航等经营实践，让大家看到各行各业都可以借助阿米巴经营有效地推动企业发展。区别于空洞的学术派，阿米巴经营思想通俗易懂、简单可落地，符合中国企业家的需求，更符合中国人的思维模式。

④人力成本居高不下，很多企业家都在思考如何释放人的潜能。而阿米巴经营利他的思想更加接近经营的本质，它主张划分小组织，培养老板。认为人是企业的根本，激活员工，员工就可以创造额外的价值，能够很好地解决企

业的三大根本性问题——方向、体制、人才，使得大家由原来的管控、消耗人、消耗资源的管理模式转向关注人，如此一来，便得到更多中国企业的认可。如果企业与员工是博弈关系，那么激活员工也就无从谈起。

⑤互联网+时代的深度发展，客户的需求转向小而美，原有的粗放式发展模式已不再适应时代的发展。客户个性化的需求，要求小批量、多批次的供应链系统，对员工提出了更高的要求；同时企业员工个性化带来了内部管理的挑战。

⑥最近十年，股权激励、合伙人等模式大行其道，而实施这些做法的企业，并没有因此带来增长与盈利的提升，也在寻找新的激励方式。他们发现股权激励并没有很好的量化依据，也不能根本性激活全员，于是寻求精确的独立核算，衡量员工的贡献，以为阿米巴是救命的稻草。

⑦改革开放以后，很多野蛮生长后的企业规模大了，要进入精细管理阶段，员工上班要不要打卡、浪费问题、激励机制等一系列问题都需要解决。而企业发展到一定阶段，这些管理问题单单依靠老板一个人是无法解决的，只有依靠高层团队的力量，才能解决企业的整体性问题。

基于以上这些原因，再加上各种书籍、培训的传播，阿米巴经营乘着互联网的东风，顺势成为最热的经营方式。但我们应该清晰地看到，这么多年，阿米巴只热不火，定有原因。

①很多人只停留在崇拜它的表象，而缺乏深入本质的理解，更没有有效实操的体系。

②把阿米巴经营误解为分、算、奖，实质上这种做法把阿米巴经营演变为承包了，与阿米巴经营所主张的合力相离十万八千里。

③目前大部分做阿米巴经营的咨询顾问大都是做人力资源、财务、经营生产出身的，又没有受过完整的《论语》与算盘核心知识体系的训练，造成先天性不足。因为要做成阿米巴经营，必须是经营业务的人才来主持，否则无法

理解什么是利他的经营，更别说进行活用去指导企业导入。

④在国内做阿米巴经营能成功并可持续地推进下去，只有运用【理念+算盘】自主经营体系。因为它是符合中国人思维模式的完整的理念、原理原则、工具和方法体系，只有它才能很好地把阿米巴经营中美好的经营哲学与小组制核算嫁接起来。

【理念+算盘】自主经营，是在统一经营理念的前提下，把经营权下放，尊重员工个体人格，发挥每个人的创造性。站在经营的高度，去具有创新性地服务客户，以利他思想去帮助客户创造价值，从而获取适当的利益。

它主张的就是“君子爱财，取之有道”“取之于民，用之于民”的经营思想。

其本质是赋权和赋能，把经营权交给理念一致的一线小组织，灵活应对客户需求；而赋能实质是通过组织的知识管理，不依赖于某一能人，而是将经验总结成know-how，充分给予愿成长的员工，而实现共同成长，形成组织力，快速、大量培养理念一致的经营人才，从而解放老板。

阿米巴经营只是【理念+算盘】自主经营的V1.0，也就是正三角组织下的赋权经营。随着企业的发展，组织需要从正三角组织形态过渡到倒三角组织形态（【理念+算盘】自主经营V2.0），再转变为无边界组织（【理念+算盘】自主经营V3.0），唯有如此的体制变革，才能真正实现成就奋斗者，解放老板。

但是由于认识、理解【理念+算盘】自主经营这套思想体系的企业尚属少数，所以只能让阿米巴经营先“活”下来，再推动企业不断向自主经营靠近。唯有如此，国人才能真正从“执迷”中自觉认识到阿米巴经营只是一个表象的概念，其背后的本质是【理念+算盘】自主经营的原理原则体系。

3

【理念+算盘】自主经营的思维方式

1. 有机的整体观

有人的地方就有江湖，有江湖必有“山头”。一旦山头林立，组织的内耗就会严重，战斗力就会削弱。那么，如何提升组织的协同力，而不是各自为政、各自为战呢？关键是要实现“三合”，出好“四招”。

（1）三合：检验组织协同力的标准

①合心。组织上下围绕一个方向、一个目标，而非离心离德、貌合神离。对一旦确定的重大决策，管理人员尤其是高管绝不允许在组织内外阳奉阴违。

②合力。组织的一切资源和一切动作都围绕一个“核心”，用力使劲，真正实现“力出一孔，利出一孔”。

③合拍。主要是组织内各部门和各岗位要同频共振，在节奏上能协同一致、步调一致，互相补位，不拆台。

（2）四招：提升组织协同力的重点

①组织“拆”墙。从组织架构入手，建立与业务和发展阶段相匹配的扁平化组织。从纵向看，如何减少层级，提升效率；从横向看，如何减少部门之间的壁垒，面向客户，实现快速协同作战。

②流程“穿”墙。分步、持续进行流程优化，用流程中的角色代替职位，用是否创造价值来统领组织运作，用最终有效产出来判断流程和部门的绩效。所以，华为每一个面向客户交付价值的流程都有一个流程总监对流程绩效结果负责。

③文化“补”墙。有流程和制度，按流程制度办；没有流程和制度的，就用价值观来判断。组织协同性强的企业，普遍是对组织的文化认同并入脑入心，形成了群体的习惯。但是，协同文化是需要从精神层、制度层、行为层和器物层等“四层贯穿”和长时间打造的。

④机制“固”墙。整个组织的协同归根到底要靠组织的目标制定机制（大家的目标是否清晰、一致）、评价和分配机制（是否是以组织整体利益为重）、考核机制（考核导向是否鼓励团队作战，反对自由主义）来驱动，从而确保组织运转高效并长治久安。

“十个指头弹钢琴”。只有每一个部门和岗位的通力合作，才能确保组织的战斗力。因此，提升组织的协同力，既要每位管理者顾大局、识大体，又要组织落实“四招”，努力实现“三合”。

现代系统自组织理论揭示出，一切自然系统都存在着自组织机制和过程。自组织现象无论在自然界还是在人类社会中都普遍存在。一个系统自组织功能愈强，其保持和产生新功能的能力也就愈强。例如，人类社会比动物界自组织能力强，人类社会比动物界的功能就高级多了。人工智能也是如此，系统性学习力是学习叠加而产生新的高级知识，实现自创新。

社会科学所研究的对象一般都具有自我组织、自我创造、自我发展、自我新陈代谢的能力。一个社会或组织越有活力表明它自我修复、自我调节、自我控制、自我新陈代谢功能越强，其保持和产生新功能的能力也就愈强。

也就是说，不管是国企、私企或股份制企业，它是否有活力，表现在企业成员的积极性、主动性等敬业精神是否得到充分发挥，企业对外部环境和内部问题灵敏而准确的反应能力，果断而及时决策力的行动能力的竞争能力。

企业活力是指企业的应变能力、竞争能力、创新能力、开拓能力、协调综合能力，使其更加具有自我组织、自我创新、自我发展的能力，产生新功能的能力，以适应内外环境变化的挑战，使组织能持续有效地发展。这既是企业经营的目的，也是企业改革的目的。

京瓷集团取得举世瞩目的成就与其系统的经营哲学密不可分。京瓷哲学本质上就是稻盛和夫价值观的高度化的产物，他是以“做人何为正确”作为经营原点来判断企业经营活动对错的根本标准的。这一符合大道的朴素认识论成为京瓷所有经营行动的根本指南。它是稻盛和夫在经营实践中不断追究事物本质和叩问作为人的良知而产生的。这种符合大道的经营哲学的根源，部分是中国传统智慧，但最重要的还是日本文化，尤其是日本鹿儿岛的地方文化的浸润。

以心为本的利他经营，是京瓷哲学第二个根本。在此基础上京瓷建立了以人为本的经营管理体系，以文化为核心的管理模式，即强调与人相关的大道本质文化、观念、整体与局部、竞争与协作、协商一致、结合、关心、控制、小组、交流沟通等。

“横看成岭侧成峰，远近高低各不同。”这句话用以分析企业的经营管理问题也一样适用。所有的经营者都会遇到同样的问题，看似企业的人力资源、市场营销、财务管理、生产制造等等都存在问题，而且千疮百孔，纷繁复杂，从哪里下手来解决呢，这成了经营者的难题。对此，大部分的人都会应对各职能模块，实施改善。其实仔细一想，这些问题都是纠葛在一起的，信息混杂，所以看不透，只好头痛医头，脚痛医脚。

我们看一个例子，有一家制造家具的工厂，老板请了一家企业管理咨询公司，在经过一个星期调研后的调研报告中，咨询公司认为最大的管理问题是生产问题和生产员工的考核激励制度问题，于是就做了精益生产项目和人员激励制度修订，在高计件奖金激励下，员工的积极性很高，其结果是此车间生产力确实提高了很多，所拿工资比原来增长了近50%。

然而好景不长，销售跟不上，生产力提高带来的是库存积压。这样一来，车间开始停工，直接又把员工收入打回做项目以前的原状。涨工资容易，降工资却很难。车间工人开始不乐意，不少熟练工人辞职。后来，车间主任因不满咨询顾问，自己的利益也受损，便拂袖而去。

此案例告诉我们，必须要系统分析企业问题，再从局部着手循序渐进解决。而且必须注重长期为基础，来实施短期解决计划，否则员工就会只看眼前利益，于是会出现很多意想不到的问题，把企业搞得更糟。

企业人员流动性大，大部分人会认为是人事制度不好、企业文化问题或者薪酬过低等等。其实这都是从管理上来认识管理问题，究其根本，不外乎老板人格魅力的问题和生产力低下问题。要么生产力低下；要么生产力虽高，而老板却舍不得分钱！

因此要彻底解决人员流动性大的问题，必须提升老板的理念和格局，同时提高生产力，相同的费用下必须提高销售额，而提高销售额无外乎提高老业务销售额和展开新业务增加销售额，绝无他法。这些才是根本性解决人员流动性大的问题的办法。

由此可见，人员流动性属于人力资源管理问题，但是仅仅从人力资源角度无法解决，最终还必须通过经营的手段去解决，所以企业管理的问题，其根本不在管理，而是经营的问题。只有从经营的高度才能找到问题的根本，彻底解决管理问题，并且可以把管理做得简单化。这就像站在地球表面无法看清地球表面，而只有在太空才能把地球表面看清、看全、看系统。

企业是一个有机整体，其中任何一个要素发生改变，都会直接影响其他要素的变化，所以要系统诊断，重点诊治，才能治本。

2. 带着爱去经营

人间一切美好事物皆因爱心，带着爱心去经营，带着爱心去工作，你就有利他之心，就会以心为本，替对方着想；有爱才会利用自己成就别人，这就是所谓的“成人达己”。

（1）利他之心

中国人民大学杨杜教授曾提出“三位一体”融合的中国企业家精神，即中国传统精神（履行责任、敢于担当、服务社会）、革命信仰精神（爱国敬业、遵纪守法、艰苦奋斗）和现代市场精神（创新发展、专注品质、追求卓越）。我认为，中国传统精神的履行责任、敢于担当、服务社会与自主经营所倡导的利他之心非常相似，它们决定了企业的经营境界。

让人印象最深的是，很多优秀的企业对暂时性亏损持一种无所谓的态度。他们认为比盈利更重要的，是企业存在的目的要为社会创造一点价值，要为社会留下一点东西。盈利只是企业经营好的一个必然结果。

利他精神并非是要达到一定境界的人才具备，它存在于我们每个人的生活、工作中。一个小动作就可以看出一个人是否具有利他精神：会议结束，把凳子摆好；上课手机静音，不影响他人；上班停车，可以停在稍远的地方，把距离近的位置让给晚到的人等等。

自利可能让企业在短期内获取一定的生存空间；利他则久，利他才能让企业真正实现基业长青。

随着时代的发展，农牧业行业也在发生着巨大的变化。在急剧的变化面前，对于很多小农户尤其是贫困山区的农民而言，存在着两个不可调和的矛盾：一是由于资金的有限及对未来的短视，多数农民不愿意投入环保，但如果在排污方面无法达到国家对环保的要求，其产业就会被政府取缔；二是由于自身能力的不足，无法与市场直接联系。

而浏阳河饲料的自动化养殖模式解决了过去人工养殖的辛苦问题，换句话说，过去一个人养四五十头猪都累得够呛，而依托互联网技术，一个人养四五千头也不成问题。此外，不管是通风量、温度、环保、饲料、猪疫苗、经营会计报表等技术和工具，还是让农户直接与消费者对接，定制消费或投资，浏阳河饲料都会一一为农户解决。

通过打造农业生态圈，让多方都享受到了利益：于政府，环保工作得到落实；于中间商，政府和农户之间，通过浏阳河饲料搭建连接的桥梁获得了利益；于农户，技术与收入都得到提升；于浏阳河饲料，在各个环节都可以从中获利，打造了连接政府、中间商、农户、消费者等多方的农业生态圈。

浏阳河饲料董事长万立恒有深切体会，他说我们还是要有利他的思维，以客户需求为导向来服务市场。这样才能更加清晰你到底有什么资源可以提供给客户，对产业链做出的贡献有多少。此外，他还提出了经典的“二要”：要深入地服务，要提升客户的经营能力。一旦客户的赚钱能力提高了，意味着你的企业品牌也在提高。

还有一个典型的案例。

万表作为中国最大的手表电商平台，原来专注于传统贸易，为了实现平台、商家、消费者三方的共赢，推动整个行业的良性发展，通过利他思维的突破，改变了它的整个经营模式，衍生出一个手表生态圈。从2017年开始，万表从名表电商升级为全球手表生态开放平台，由万表商城衍生出万表世界（资讯平台）、万表名匠（改变名表修理黑洞）、万表club（会员制）、万表城市体验店（新零售）、万表达人（社交分销模式）、奢侈品共享和供应链管理等八大商业平台，致力于为全球手表生态创造价值。

综上，我们在推动企业经营发展的过程中，也应学习和秉承利他之心，坚守使命愿景，坚持做正确的事，回归经营的原点和本质，不急功近利，不机会主义，而是与利益相关方携手努力，共同构建更好的商业生态，推进产业链的持续发展。

（2）以心为本

【理念+算盘】自主经营始终抓住经营基础目的和经营结果，通过基本理念和方针指导，将过程经营权力下放，从而引领员工从被动执行转向主动经营，促进全员想尽办法不遗余力地改善经营。以统一的经营哲学为基础，给予员工充分个性“自由”发挥，从而发挥创造力。

从作为人最基本的需求出发，充分满足人追求成长、信赖和幸福快乐最原始的动力，由此京瓷始终如一抓住员工的心，给予员工足够快速成长的空间，让每个员工将积极的一面发挥到极致，使管理变得简单，因为每个人都是自己的老板。

强调满足员工的物质欲望，同时又强调不失作为人而异于动物的员工精神的追求，塑造员工崇高的价值观、人生观和世界观。

以心为本，就是建立一种信赖关系，前提是企业家自信，对员工就能产生信任，同时感染并影响别人。

所以，力行正道，让员工相信正确的事物，然后信任员工，将心比心，把经营权下放，才能构筑牢固的整体组织。人心齐，泰山移，回归经营的本质就是经营人心。

3. 人人都是经营者

今天更需要做重经营，做轻管理。超越和不断创新，唯有释放人类潜能，那就必须化被动为主动，增强全员的主观能动性和积极性。人们需求从工业时代的同质化到信息社会的个性化，企业的劳工需求也从满足基本需求的“游牧”时代到基本稳定的“农耕”时代，今天正逐渐转向追求“个性、尊重、归属”的“自由创造”时代。

随着企业规模增大，企业领导人更加难以捕捉全面的信息，而今天市场变化速度之快，企业做出正确决策对于直接接触客户的一线员工的依赖显而易见。无数事实证明，传统强调以岗位为研究对象的人力资源的管理模式束缚了员工潜能，因为员工是在被动地出卖劳动力，企业往往只为员工的能力付了报酬，而更重要的、不易发现的潜能，才是每个人真正创造力之源。

员工“用心”做事才能真正发挥潜能，因为那是一种使命；而“用脑”和“用手”都是在出卖智力和体力，因为那是交易。只有让每一个员工站在企业经营的角度，胸怀使命，身心合一，才能真正释放“人作为根本”的潜能，所以今天需要更重视人力资源的开发而非管理。

人人都有与生俱来的潜能，因而依循东方传统智慧，回归“以心为本”的全员经营，激活人的潜能，把员工从“执行者”变为“经营者”，实现了企业内的“老板的复制”，避免了随着企业规模扩大而滋生“大企业病”，从而才能实现规模效应与灵活性兼具的经营。从管理控制主导型到经营创造主导型的经营管理理念转变，已成为21世纪企业经营管理发展的必然趋势。

有参与才有认同。通过8000家企业的实践，我们发现很多企业做了很多传统的项目咨询都失败了。为什么？因为方案很漂亮，但是这些方案都是顾问写的，所以没有人愿意执行。方案最终成了沉睡在抽屉里面的一堆废纸。究其原因，不是方案不好，而是这种方案没有让员工参与进来，所以员工理解不了这种方案背后的目的和意义何在，其本质是什么，各自理解不同，最后不能有效执行。

企业变革成功=方案×人心×执行

自主经营是通过化小单位，让员工自己算账，通过算账来知道经营的具体情况，体悟到老板的难处。只有当家了，才知道柴米油盐是贵的；通过算账来统一沟通语言、统一思维模式、统一理念的认知。所以通过算账能够养成人人都是经营者的意识。当每个人都和老板一样去思考时候，管理自然就简单高效了。

上海汽车工业（集）总公司（简称上汽集团）在引进消化世界先进管理方式的基础上，曾经创新探索与中国文化相适应的企业管理模式。经过十多年时间的实践，逐形成了“人人成为经营者”的管理模式。其要义如下。

“人人”——包合两层含义：以人为本、全员参与。该管理模式最核心的理念就是要“依靠人人、发展人人、回报人人”；同时，企业经营管理能否取得成效，很重要的一条，就是员工要不要参与，能不能参与。人人都是经营者模式是一种全员化的经营管理模式。

成为——包括两层含义：外在要求，内在动力。员工能不能成为经营者，首先要看企业领导和管理层有没有这种意识和要求，因为员工不可能自己成为“经营者”。同时，该模式能否推行，关键在于员工的自主意识。

经营者——包括两层含义：当家做主、虚拟经营。这个模式将使员工从生产者变为既是生产者，又是管理者和“经营者”。在授权范围内享有对企业资源经营权和受益权。同时，经营者是具有特定含义的，一般是指企业的管理层，这里的“经营者”是虚拟的，不是真正的经营者。

这种模式是把市场经济引入企业内部，将员工最大限度地按照业务特点、岗位性质、工序关联和协作关系划分为最小的独立核算单位——经营体，并在经营体之间建立“买卖”“服务”“契约”三种带有市场特性的交换关系；将企业内部与经营管理相关的各种资源进行货币量化，构建内部交易结算价格体系，形成企业内部虚拟市场；在应用“经营者”管理系统，实现全面电子化、信息化、标准化管理的基础上，建立以内部市场经营收益和管理项考核收益为主体的经营收入分配机制和长效激励机制；实现员工自主管理、企业持续发展的新型企业经营模式。

其主要特征是，最大限度地导入市场机制、最大限度地资源量化有偿使用、最大限度地划小经营单位、最大限度地运用信息技术、最大限度地实现以人为本。通俗地说，就是“把市场搬进企业，让每一位员工当家理财”。

上汽集团成立了“经营者”管理推进领导小组，成立“经营者”管理推进办公室，作为专门机构负责日常组织协调工作，并提出“经营者”管理整体推进三年目标：即提出基本形成“经营者”管理机制和文化、基本形成“经营者”管理精髓与外方先进管理融为一体的上汽管理模式。

在【理念+算盘】自主经营中，由于每个经营体都具有独立的近似于全套的企业机能，经营体领导人必须全盘考虑销售、采购、生产、人事安排等，怎样才能获得小时核算的最大化，从而培养全员的经营意识。在考虑自己的同时，还要贯彻利他的思想。在力所能及的条件下帮助其他经营体，而这是通过企业哲学理念的贯彻和经营体的考核体系给予保障的。由于组织的细分从而产生了众多的小经营体的经营者，又通过经营体间的竞争和自省，不断提升经营体领导人的能力。同时又通过企业哲学的学习和实际工作中的经营哲学的运用，促进经营体领导人对于企业哲学的深入领悟；从而实现了快速批量复制领导人才。

4. 现场有神灵

“现场三尺有神灵”。如果管理者远离“现场”，那意味着他正远离客户，远离员工。现场在哪儿？那不是员工们的战场吗，与管理者有何相干？

不知从什么时候开始，众多企业久居于办公室的“管理者”，已经彻底与“现场”绝缘。在他们看来，办公室的咖啡或红茶，远比生产车间或者销售一线的炙热与重复有趣得多，办公室渐渐被视为管理者的“领地”，而“现场”则成为普通员工们坚守的前线。

有些管理者还为这种不在现场的行为辩护说：管理者当然要“靠脑子打仗”，动手是员工的事，否则公司的效率怎么提高，规模如何扩大？

这话对了一半，但却也荒唐了另一半。管理者当然应该用脑子打仗，这是其作为管理者的前提和责任，但如果丢弃了“现场”，或者在内心深处坚信自己与“现场”无关，那么管理的使命就无从谈起。

华为老总任正非一度担心，担心他个人的麻木会变成10万华为人的麻木。“让听到炮声的人呼唤炮火！”任正非2008年底一声大吼，振聋发聩，醍醐灌顶。

“华为下一步变革的方向，就是让听得到炮声的人来做决策。”屁股对着老板，脸蛋对着客户。以顾客为中心，以奋斗者为本，长期艰苦奋斗。

所谓“听得到炮声的人”，指的是那些在一线工作的人。为什么华为要这样做呢？因为，让一线员工来做决策，是最有效的，他们最了解市场。

全世界所有公司的现场只有两个，一是客户，一是员工。

如果远离客户，企业的创新与变革源泉无从谈起，除非你是有政府做靠山的垄断企业，否则，客户就会毫无情面地抛弃你，因为你对他的变化熟视无睹；如果远离员工，企业的成长与持续就变成无源之水，员工最先接触客户，员工负责完成产品，员工负责公司文化落实到行为，一旦员工出问题，哪怕企业规模再大、品牌再响，核心竞争力必然会受到极大挑战。

“现场三尺有神灵”。这个“神灵”，就是指客户时刻变化的需求，就是指员工持续成长的源泉，如果管理者远离“现场”，意味着他正远离客户，正远离员工。

事实上，中国企业中正有越来越多的管理者，包括高层管理者，远离现场，甚至是逃离现场。他们正被一些令人着迷的战略模型，听起来激动人心的商业模式，以及纷繁复杂的管理框架所“劫持”，原本想在大学的MBA课堂上弥补短板，没想到，短板没补上，长板也变短了。

作为企业经营者，无论多么高明的战略，多么雄厚的资金，多么精良的设备，多么强大的产品，多么完美的网络，多么周密的制度……如果离开现场，这一切很快就会幻化成天上的云。

如果你要抵达真理，现场是唯一可行的途径。

深入现场，切切实实了解产品所在的每一个流程和环节，用心去体悟，用心去感触。只有这样，你所遇到的问题才会得以解决，你所打造的产品也将日趋完美。

管理者，请回到“现场”吧，认真倾听客户和员工的声音。这种回归，不是简单的重复，也不是把自己作为“另一个员工”，而是从管理者角度，重新在现场发现问题，解决问题，并挖掘出企业持续增长的核心元素。大多数管理者，当他遭遇成长的天花板时，最好的方式就是重新回到“现场”，俗话叫“接地气”，如果管理者天天都在“云端上飘”，注定不会了解人间（客户和一线员工）的疾苦，也就无法解决一线的真实问题，这才是关键所在。

5. 回归原点

现在的日本企业家和中国企业家不同之处在于，中国企业家像个儿童，看到什么好玩就玩什么，看到什么热就去学什么，学完用一阵子，感觉没什么效果，就丢掉了，再去寻找新的；日本企业家则像一个成人，认准了一套思想，就坚定地去实践，不断精进，如果没有产生效果，就精思哪里还可以断续改进。这种踏踏实实的经营精神，持续精进和坚定的意志正是当下中国企业家最缺乏的，大家总想找捷径，但捷径往往是找不到的。

现在市场上充斥的经营管理的内容，大部分都是经过包装的，不管是现在火热的阿米巴，还是华为的铁三角，抑或是海尔的人单合一，只是外衣换了一个概念而已。从概念A到概念B，让很多管理者应接不暇，天天赶着学习。

大道至简，原理原则不会改变，而方法和工具天天在变，永远学不完。唯有懂得了经营的原理、原则，才能摆脱教条主义。所以，回归原点尤为重要。

在经营企业的时候，如果不能从原理和原则出发，仅仅从表面的数字和具体方法的层面去指导员工，就会禁锢员工的创造力，限制员工的进步。因为点对点地解决问题，是一个具体方法只能解决一个问题，应用一个方法需要满足的前提条件太多，而现实中的经营信息是瞬息万变的，生搬硬套某种方法可能适得其反。至于具体每件事的方法和流程，员工可以自己去思考、自己去用心，这样不仅培养了人才，也是让员工亲身体会经营哲学的作用，更好地贯彻哲学和经营理念。

那什么是原点，为什么要回归，如何回归原点？通过回归原点的这种思维方式，对于如何指引我们去经营一个企业，其中又含有什么智慧？

我们有一个客户最早是做化妆品的，赚了钱以后，就去转向汽车配件、商业地产，最后投向文化地产。于是化妆品公司没有人管了，连续六年亏损。2013年我去做咨询服务的时候，底层的老员工对我说，田老师，我们已经不是原来的状态了，因为老板去赚轻松的钱，所以我们没有任何资源，老板也没有把心思放在化妆品经营上，所以亏本根源在老板心变了。

所有的策略要想在短期之内能够完全出效果，谈何容易，尤其是5亿元规模体量的公司。而我用了三个月来帮助他们扭亏为盈。三个月，真正改变这家企业的其实不是我，而是我让老板找回当年做化妆品的感觉。

记得在一次饭桌上，老板娘和我聊天，我谈到回归原点的时候，她问我，回归原点是不是要把全部的钱捐出去。

我的回答，“是你的心要找回来，而不是钱，钱永远解决不了原点的问题。用钱能解决的问题非常简单，最可怕的就是用钱都无法解决，如果用心来解决，那么就回到原点了。”

后来，老板的心重新回到化妆品，因为化妆品是他的发家资本，不能忘却，这就是回归原点。

我协助这家公司扭亏为盈与稻盛和夫去拯救日航的手法完全相同，实际改变的是什么？是人心，而不是简单的术。每一个企业都是如此，你不能忘却了当时走出来的那一段路程。

做事回归原点是你的发心。做任何一个事情，一定要清楚我的发心是什么，如果你的发心不良，你不可能有能量，别人就感应不到。

一言以蔽之，企业的原点状态是创业时期的状态——灵活、高效、激情、团结。一个企业亏损，往往是离创业时期的状态太远了。

人的原点状态，就是像婴儿一般的直白、单纯、真诚，这样才有能量。

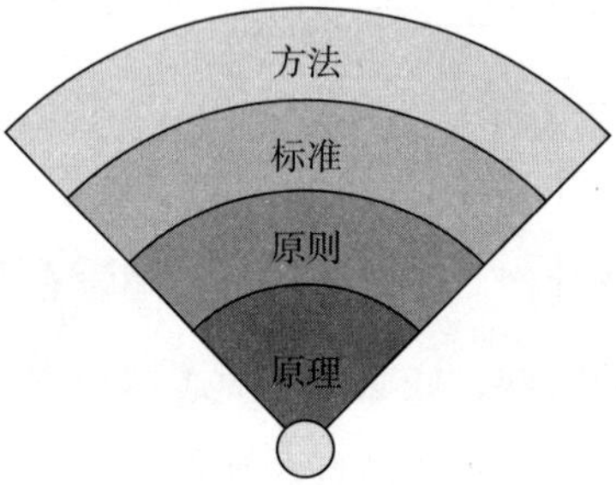

原点=自然×人×社会

如何在我们的日常工作中应用“回归原点”去做决策呢？如上图所示，如有一批产品由于质量问题导致客户退货，公司补发新货给客户，把问题产品换回来，就是一个方法解决一个问题；公司在内部重新设定产品的出厂质量标准，并按新标准把没有发出去的库存产品重新检验一遍，不良品挑出来重新返工后再出厂，解决了一批产品的质量问题，这就是一个基准可以解决更多问题。

到了这一步，质量管理还仅仅是停留在生产运营部门，我们需要全员、全流程的全面质量管理，研发、采购、HR甚至T部门，也都要关注产品的质量，这就是用一个TQM的原则解决50个问题。我们进一步思考，到目前为止，我们还在用检验、用围堵的方法在解决品质问题。制造业有句名言：质量不是检验出来的，质量是制造出来的，品质是设计出来的。如果我们制定一条质量理念：预防重于检验，各个工序不接收、不生产和不传递不良品，就不会有不良品产生，也就不会有不合格成品流出公司，这就是一个理念可以解决100个问题。

如果我们再进一步，这就是回到了质量管理的原点：零缺陷！建立一条“零缺陷”的品质理念，就可以解决所有问题。无论是哪个部门、哪个领导，做任何有关质量的决策，要时时想到“零缺陷”这条质量决策的底线，其他的考虑比如成本、效率、产量和绩效奖金等，统统让路。

是不是每个公司都把自己经营哲学的原点设成“做人何谓正确”或者“敬天爱人”呢？

我个人的理解是不一定，比如说每个专业的事业部、每个职能部门都有自己的原理原则，也都有自己的原点，如果每个人在思考问题和做决策的时候，都能连续追问5个为什么，就回到了原点，答案就在那里，非常清晰。

只有回归原点，才能看透事物本质，而不被表象蒙蔽。

很多人一味地追求终点，殊不知起点就是终点。

6. 以不变应万变

常常讲要以不变应万变，其本意就是在经营企业的过程当中，不变的是原理和原则，变化的是工具、标准和方法。一般的中小企业由于没有掌握相应的原理，缺乏清晰的经营理念和明确的经营原则，所以为企业经营带来很多的混乱。

例如：竞争对手降价，员工就会疑惑，问老板，我们是不是也要降价，不然我们卖不动呀？

在这个时候，很多老板会在选择降价，还是坚守产品特点品质、坚守价格中摇摆不定。这是两种不同的思维模式，两种选择的背后折射出企业不一样的理念和经营原则。

如果选择跟风降价，说明这家企业的思维特征实际上是在复制别人的东西。如果坚守不降价，选择提升品质与价值，产品一样也可销售得出去。你主张是什么？是价格还是价值？这就取决于领导人的理念。

价格风向转变，员工存有疑惑，实际上是由于企业家的目标含混。他没有对员工传递清晰的信念，所以才导致员工每天向企业要资源，而非向市场要销售额。一旦向内部要资源，内部就会导致会哭的孩子有奶吃，不公平和抱怨，肥猪也哼哼，瘦猪也哼哼。最后组织士气低落！

一切的工具都有缺陷，只有注入了经营者的灵魂，才能推动企业发展。

很多人认为把制度确定下来，用制度来驱动管理，这样就能万事大吉，然而哪有这么容易的事情！比方说，一把刀的存在并没有错，厨师用来切菜，是物尽其用，但被歹徒用来行违法之事，则是凶器。事情的结果好与坏不在工具的本身，而在于用工具的人，所以要为工具注入灵魂，这是其一。其二，要用经营的思维把复杂的管理做简单。其三，当机制解决不了问题之时，要用理念来解决。因为机制一旦确定下来，总会上有政策，下有对策，所有的员工都会找到制度的漏洞。如果没有理念的约束，这个机制终是虚摆浮搁。其四，也只有用理念来经营，才能成就一个卓越的企业。遵循基本的制度和流程去管理，至多是个不死但很平庸的企业。

真正的经营高手，都不是简单利用工具和方法。所以，我们要用原理原则来培养经营型人才，以不变应万变来应对市场的变化，应对员工需求的改变。

10年来，我们运用这种思维，为中国培养了包括外运股份、中国电信、中集、海航集团、华为、中兴、立邦、天士力、格力、志高、永辉超市、六个核桃等中国500强中270家之多的企业数十万高端的经营人才，并且助力他们在各行各业成为领军人物。他们充分活用自己所学的【理念+算盘】自主经营的原理原则和见识，分别在各自的舞台施展自己的才华，为中国经济现代化进程做出了巨大贡献。

7. 保持创业的状态

改革开放以后，中国企业发展迅速，进入了一个争奇斗妍的时代。随后出现了千千万万种所谓的“成功秘诀”，不论是来自成功的企业家还是刷爆朋友圈的创业鸡汤，在不断进步和日益复杂多变的社会环境中，“成功秘诀”都显然不能效仿，只有那些最原始的企业精神，才能真正引领后来者走向成功。在这些众多企业精神中，无限极（中国）有限公司的“永远创业”精神一直占据着无可替代的地位。

“永远创业”的萌芽出现于香港百年老字号“李锦记”，由无限极掌舵人李惠森于1992年创立，将其真正确立为一种企业精神。而在执掌无限极（中国）的时候，李惠森始终坚持以“永远创业”为发展理念、以“思利及人”为核心价值观，带领着无限极向前发展，成为中国乃至世界的知名企业。

无限极（中国）的“永远创业”精神，同样也是李锦记传承与发展120多年的成功秘籍。

在李锦记的字典中，没有“守业”的概念，只有永远创业。因此，无限极秉承李锦记的创业精神，将“永远创业”作为无限极的企业文化之一，成为每一个无限极（中国）成员的内心之魂。

“永远创业”，就是保持赢的心态，永不封顶，不断突破创新，做自己没有做过的事情。在“永远创业”精神的指引下，无限极总是高度注意观察国家政策的变化、社会民生的变化，产业、行业以及市场的最新动向，以及时把握形势，领导变革，与政府、媒体、合作伙伴保持密切沟通与合作，借力，整合，从而才能对公司的未来作好规划，科学决策，确保无限极（中国）始终保持良好的发展态势。

“逆水行舟，不进则退”，企业的发展同样也是一种学习，任何创业者任何企业都可以“永远创业”，它并不是无限极不可告人的经营秘籍，而是对成功规律的一种“接地气”式的诠释。

华为唯一的战略就是生存及长期艰苦奋斗的精神，又何尝不是如此呢？阿里巴巴、腾讯……哪一个优秀的企业每天担心的就是下一个倒下的是不是我？他们都把生存下去作为第一战略，永远在创业，不断走在创新的路上！

8. 贯彻实力主义

中国的民营企业出于“管理简单化”的理由，大多实行“成果主义”的评价和薪酬制度。经营一家企业，注重“成果”无可厚非，但问题是一定要搞清楚“成果”的由来。

酒仙网在2015年之前，为了提高市场占有率，打响产品名声，曾经将产品的定价权下放给一线员工，而为了达成占领市场和提高销售额这一“结果”，一线员工一度将产品定价降到行业最低。“这瓶酒市场价是900元，我还不是最低的，所以要把价格定为899元，这样更好卖！”成了堂而皇之的理由。

营销人员为了拿到“销售额”，不是思考如何“帮助顾客解决问题，更好地服务于顾客”，而是争着抢着销售毛利低，对公司无利而又畅销的产品，而那些毛利高，对公司盈利有贡献的产品却无人问津。原因很简单，因为后者销售难度高，还得向客户不断传达为什么这个产品好，销售太费力、太辛苦了。可是，销售额拿到了，规模上去了，但公司却亏损得扛不住了。

这样的现象就是企业虚胖水肿的经营，司空见惯。员工都很聪明，一旦采用“成果主义”论英雄的制度，他们会立即根据自己的“经验和直觉”马上找到一条“最快速、最直接”地达到目标的对策，而非常遗憾，这个对策，往往都是企业不希望其采用的。

尤可怕者，“成果”里面有的是努力得来的，而有的却是天上掉下来的。

成果定义：以KPI考核为典型，只问结果好坏，不问原因，造成最大不公平。

企业的评价和薪酬制度应该引导员工在工作中持续地改善、创新，而不是只注重眼前利益。“成果主义”貌似很容易调动员工的积极性，但其实最终一定会让员工丧失积极性。在“成果主义”的驱使下，如果外部环境较好，则企业赚钱，员工也赚钱，大家皆大欢喜；而一旦外部环境变差，企业不赚钱，员工也不赚钱，员工就会流失，而企业就会雪上加霜。近年来，中国经济进入了“新常态”，经济下行的压力很大，这对实施“成果主义”的企业而言，绝对是一个不好的消息。

另外，很多企业在选拔人才时，能力也成了很关键的考量因素。俗话说，“兵熊熊一个，将熊熊一窝”。我们最终的目标是为了全体员工的物质与精神幸福，物质生活的满足是非常必要的，它也是事业成功的基石，而能力是事业成功的条件，然而我们不能瘸着腿走路，仅仅考虑开拓事业的能力而忽略是否正派经营。路，长着呢。

稻盛和夫曾在一书中提到，员工的工作业绩会得到肯定，并反映在长期的待遇中，但是，不采取根据增加的“单位时间附加价值”来相应提高薪水或奖金的制度。我们把这种结果与能力符合的评价与薪酬制度称为“实力主义”。

评价一名员工时不能完全按照理性来进行，因此在对员工进行评价考核时，绝非可以依靠几个数字就能解决问题。

“对事要理性，对人要感性。”这是无数优秀企业实践的总结。量化的数据应该用来解决工作中的问题，而且数据越精确越好；而对待员工，则必须关注其工作的过程，不断地指导和评价员工的工作方式，员工自然会得到成长和激励，这要比任何物质激励都要来得强烈，来得长久，这正是“实力主义”的精髓。

而中国的许多企业恰恰相反，对待人过于理性，非要执着于那些本就不公平的“量化的数据”，而做起事来又感性得要命，不做充分的论证和详细的数据分析，拍脑袋进行决策。这才真的是本末倒置！

所以企业的经营对于人、事的评价和激励制度设计与运用，一定要从过去简单粗暴的能力主义和结果主义转向实力主义。

9. 工作即修行

修行，总会让人想到闲云野鹤的隐士，幕天席地、静坐、行脚，苦苦思考宇宙众生的意义，然而修行的本真绝非如此狭隘，在生活中修行，把工作看做修炼，比“躲起来”独善其身勇敢多少倍，平衡工作与家庭、压力与健康、无常与情绪苦乐……，在错综复杂的关系中寻求平衡，反而更能让我们看清生活的本貌。

修行何必在深山，红尘也是大道场。其实修行与生活是一体的，修行的目的也是为了解决生活中的实际问题，离开了生活谈修行，总不免是在逃避问题。煮饭、洗碗、做家务，做好本职更是修行。

人因工作而高贵，人也因工作体现其价值。只要你心灵健全，那么无论何时，你都可以在工作中修行。换言之，无论你现在境遇如何，只要你用正确的态度工作，你就是一个高贵的人，一个有价值的人。

稻盛和夫认为，人生是一场修行，而修行的载体便是工作。当把工作当作修行时，稻盛和夫得到了不少“神秘体验”，当项目山穷水尽时，突然间柳暗花明，这样的事在稻盛身上发生过多次，只是以不同形式，在不同的场景下呈现。

释迦牟尼认为“精进”非常重要，是达到开悟境界的修行方法之一。所谓精进是指努力工作，心无旁骛地投入眼前不可躲避的工作中。在工作中，也在不知不觉中深耕了内心潜质，发挥了陶冶人格、磨炼心性、提升灵魂层次的作用。因此，对工作努力不懈的人，全神贯注于一件事，会在日复一日的精进过程中锻炼自己的灵魂，同时培养出至大至刚的人格。

拉丁文中有句话：“与其成就工作，不如成就做事的人。”劳动之所以值得尊崇，道理亦在此。磨炼心性，这个字眼或许会让人联想到宗教的修行，其实要发自内心喜欢自己的工作，并全心投入，人格的培养必须通过工作。也就是说，哲学会从辛苦流汗中孕育出来，心性会在每天的劳动中得到锻炼。全心投入自己应做的工作，不断动脑去想，努力去做，如此就能幸福地活在每个瞬间。

付出不亚于任何人的努力，把一件小事做到极致，平凡的你将变得不平凡。

【理念+算盘】自主经营最后是无为而治，其实就是老板带着一群人在工作中修炼，它是一门长期的经营学问，非一日之功。如何把老板个人的修行，变成集体的修炼呢？答案就是，我们经营企业一定要“君子爱财，取之有道”。先将理念明确下来，该赚什么钱确定下来，这叫定位。于是产生你的经营原则。有了原则，就有了统一的方向。接下来就要明文化，用文件规定好，并给予清晰的解读。然后把这部“经”从高层传递到基层，形成统一认知。最后会产生出大量的经验，继续运用，就产生成果。最终得到员工相信就变成了企业信念，这就是全员修炼的过程。细想一下，寺院的僧人是如何集体修行的呢？是不是和企业全员修行如出一辙？

10. 激活小组织

企业经营需要硬功夫，利润和发展是经营成功的硬指标。无利润无以立存，抓住实现高利润的唯一方法，就是要牢牢抓住创造利润的细胞（Cell-SBU细胞单元事业）组织。做到这一点，有三个步骤：

其一，构建及识别创造利润的最小细胞单元。

来看华为科技发展历程。华为是从贸易起家的，做贸易的时候，主要是大业务员推销业务获取销售额，所以这个阶段是属于个体户创造利润的方式，它采取的是高额提成机制来激励业务员。

华为的第二个阶段是以技术竞争产生优势而获取销售额，这个时候采取的静态项目小组经理负责制，所以是项目经理对利润负责，此时主要压力全在项目经理一人身上。

华为的第三个阶段是“铁三角”动态项目负责体制，由“铁三角”的利益目标来驱动，把企业总体的目标落实到客户价值交付的全流程中，形成了“目标共同体，利益共同体”。

在不同企业不同发展阶段，创造利润最小单元是不一样的。不同业务特征，其组建的小组制形态各异。如韩都衣舍创立了创造利润的“三人小组”独立核算经营模式；滴滴打车平台模式创造利润的最小单位是“人车”小组；燕京啤酒的销售模式是“业务员、配送员、车”小组模式。这种“小组制”经营模式，其本质是拉动经营，而不是传统的推动式经营，拉动的力量就是一致面向顾客需求。

其二，激活创造利润的最小单元。

一个企业易犯的通病如下：会议上、流程设计时，大家都会念叨以客户为中心，“我们要形成‘铁三角’”。可一到具体工作时，又变成：你们销售部，我们生产部，他们研发部……。想学华为，不用喊口号，先从口头语学起。工作研讨时，不要再出现我们、你们、他们，面向客户只有一个词：我们。因为在客户看来，无论是销售、研发、生产还是任何哪个部门，在客户那儿只有一个名词——那就是你公司的名字。

以客户经理、解决方案专家、交付专家组成的工作小组，形成面向客户的“铁三角”作战单元。每个人不仅仅是坚守本职工作，也不局限于“铁三角”，在彼此制衡中面向客户，客户有什么需求，我们就有什么支持。通过市场和客户，激活最小创造利润的单元。值得一提的是，根据每个企业的发展状况和阶段不同，激活的手段也是因企而异。

华为“铁三角”团队通过以下手段形成了利益和目标共同体，实现以客户需求来拉动小组的每个成员，从而实现全员经营。

第一，“铁三角”有共同的利益目标，表现在如下三点。

财务指标：收入、利润、现金流、成本；

满意度：客户体验、问题解决、关系维护；

运营指标：质量、时间、预算合同履约业务。

客户价值交付的每个阶段都有“铁三角”，而且每个流程都有结果指标。

第二，流程管理。每个流程结果都能找到负责人。

第三，清晰责任分工。在整个客户价值交付流程当中，每个不同的阶段要有一个清晰的“铁三角”的责任分工。通过这三个机制来确保激活前线“铁三角”组织的创造力。

韩都衣舍采取“三人小组制”赋权赋能的经营来激活小组制。“产品开发专员、推广页面制作专员、货品管理专员”形成一个“小公司”来经营，其责权利非常清晰。

责任：确定销售任务指标（销售额、毛利率、库存周转率）。

权利：A.确定款式；B.确定尺码以及库存深度；C.确定基准销售价格；D.确定参加哪些活动；E.确定打折节奏和深度。

利益：提成=销售额×毛利率×提成系数

根据每家企业自身的业务特点，制定不同的小组制激励机制。

企业如人，人得癌症，是因为癌细胞比优良细胞多了。企业也一样，不盈利的细胞多了，企业就亏损；激活每个细胞单位，组织就健康，利润自然而来。

11. 开源节流

开源节流，剔除过度的资源耗用，同样是企业节省不必要资金投入，赚取利润的最佳方法。特别是企业在发展过程中遇到瓶颈时，采购、生产、库存、沟通等各种各样的隐性成本，就成了阻碍企业持续发展的隐形杀手。

日本企业将浪费视为天敌，以浪费为耻，所以总是想尽一切办法杜绝浪费，如稻盛和夫所说："企业应对萧条时，更要集中精力搞研发，开展降低成本的工作，让企业员工时刻具有危机意识。"节省的成本等同于为企业又增加了一笔可用的流动资金，这对于企业也有可能是一笔救命钱，所谓"干毛巾也能拧出水"，不断的成本控制是企业生死存亡的关键，值得每个老板反省与思考。

节流固然重要，但仍要清楚认识到，节流是辅助，开源才是要务，这应该是理解"开源节流"的基本出发点。

不能实现有效的开源，节流即使做得再好，所取得的利润也会非常有限，甚至可能是破坏性的结果。这是作为企业经营者在处理开源与节流两个方面时，应该清醒地把握的基本经营法则。

大企业规模太大，老板很难看清楚，为了清晰经营的情况，必须细分组织，对每个组织独立核算，盈亏贡献才会一目了然。所以用小企业的经营方法来做大企业，大企业才能做强。

小企业发展过程中，往往人才难以培养，规模增长困难，90%以上的小企业很难发展壮大。小企业要发展必须不断细分市场，开发更多新的SBU业务，然后把人才放上去。雷军就是如此用8年时间将小米做到千亿元级别规模。所以用大企业的经营思维做小企业，小企业才能做大。

有人曾问过杰克·韦尔奇成功的秘诀是什么？杰克·韦尔奇简洁地回答说，“火车跑得快，全靠车头带。”如何找到好的人，激励他，培养他，产生好的业绩，形成一个良性循环，这就是通用电气做大的奥秘。

经营者主要的工作是什么？就是经营人的工作，先把“坑”找出来，再把“萝卜”放进去，然后从物质和精神上进行激励、培养，给面子、给票子、给位子，就能激活个体，企业才会越做越大。归根结底，经营就是经营人心，人心经营好了，事情就可以做出来。

不管是“铁三角”的华为，还是用“人单合一”模式打造平台化企业的海尔，最终的落脚点都是回到“人”身上。企业关键是要打造能快速培养人才的机制和手法，没有人才的培养就没有企业的发展。而【理念+算盘】自主经营就是一套快速培养经营性人才的体系。

12. 用经营思维解决管理问题

组织管理观决定了人们如何进行管理活动，如何看待管理。回答管理是什么，这样的问题就是管理观的问题。应该可以这样说，有了清晰的管理观，才会有清晰的管理行为，也才会有合适的管理标准。

很多管理者喜欢把权力、利益留下，把责任分出去；好一些的管理者把权力留下，把利益和责任一起分出去；也有管理者认为责任和权力以及利益都应该留在自己的手上，根本不做分配。

这也是为什么这么多中国的企业家一直在苦恼“一抓就死、一放就乱”的原因所在。

传统的管理方法无法真正支撑互联网时代的企业再往前走，必须激活个体、激活整个组织，对每个组织进行细分，对细分的小企业进行全面的赋能。赋能不是简单的放权，而是在放权的背后有统一的价值观体系，统一的经营哲学思想，这样，才能真正地实现组织的激活。

如果简单的放权，就是赋予权利，那它至多是一种简单的承包模式，企业家还不会真正把经营企业当成事业来做，只停留在商人的一面，所以最终还是无法让一个大组织能真正地前行。所以，只有放下了管理的思维，才能真正进入到经营的大门。

每天我们都要开N个会议，然而会议结束后，是不是每个员工都会自动自觉地关灯、关门、关窗、关空调？

我们每天都用行政的制度去管理，企图去控制员工的行为，其效果又如何？事实上并没有。下班了，灯、空调全都在开着，原因何在？背后的道理很简单，因为这些与员工利益没有半毛钱关系。

然而，如果每个小单元独立核算，利益与报酬相关联，销售额减去费用，剩下就是他们的利润，一旦你这样与员工算账，将员工的利益与企业利益息息相关，他们的思维就会发生转变，根本不需要行政手段去管控。

驱动每个员工自发自动自主地思考，让他付诸行动，这就是经营的思想。

经营的意义有三：

一是员工才能围绕以客户为中心来创造价值。

二是通过算账，员工能够站在老板的立场思考问题，只有进入到这个场景，员工才能真正体会到老板的难处，才会真正理解何为经营。

三是我们在做经营管理的时候，企业到底在经营着什么？答案非常简单，那就是人心。一旦你进入到对于人心的思考，能够用经营的思想来撬动人心，那么你就成功了。

所以，管理是为经营服务的。假若你所处的组织不是以绩效评价的，比如我们的职能部门或者政府部门，那么管理始终为其他任务服务，而企业管理不是为任何人服务，它是为经营（目标）服务的。

当在经营上选择薄利多销的时候，管理上就要选择成本管理和规模化方式；在经营上选择一分钱一分货的时候，在管理上就要做品质和品牌管理；如果像联邦快递一样在经营上选择“隔夜服务”，管理上就要进行快速服务流程管理；如果像戴尔一样用“直接定制”的策略，管理上必须做到柔性化。

对于企业而言，我们要的不是繁重的管理，而是要把获取利润作为第一目标，所以要把每个员工的思维调整到经营的频道上来。

综上所述，用经营的思维把管理做简单，是每个企业必然的选择。因为管理最终是为经营服务的。而当企业大了，很多企业为了管理而管理，管理制度越来越多，形成了以任务流程为导向，每个人都为自己部门KPI负责，却忘记了一切都是为了获得利润。所以，凡是不以获得利润为目标的管理都是浪费！

很多人认为非考核员工不可，为了做考核而增加全员的工作量，增加两个小妹做考核专员，这样就是为了考核而做管理，最后成本居高不下，带来巨大浪费。如果把用来做考核工作的时间，全员去争取单子，也许会增加更多收益。

更有甚者，有些企业非要把品质合格率从98%提高至98.5%，为了提高0.5%而付出了沉重的代价，如更换最先进的设备，但设备的折旧高得离谱。计算下来，效率高了、品质和格率高了，但利润没了。这就是为了管理而管理。这种降低油耗买新车的案例比比皆是，它全是因为KPI惹的祸！

管理问题根本不在于管理，而是经营出了问题。管理是手段，是为经营服务的。经营是以获取利润为目标，是要结果。而经营管理过程控制，是为任务负责。只有站在经营高度上，才能从根本上解决管理问题。

第三章

把准经营的穴位

企业如人，人有七经八脉，企业亦然。痛则不通，通则不痛，只有气血通畅，人体才会健康；企业的经营犹如人的经营，只有“任督”二脉通畅，企业才会健康。只有牢牢把握准经营主脉和主轴，经营才会产生高利润。

——田和喜

1

经营必须“道、法、术”相融

企业家希望自己在经营中取得成功，但是很多时候都不能如愿以偿。究其原因，不是企业家不上进、不能力，也不是不聪明，根本原因是企业家努力的目标不正确，方向不正确，采取的方法不正确。现在很多企业家主要精力都在做什么？

通过观察我发现，我们的企业家主要都在学习和研究：管理方法、管理技巧、管理模式，还有一些某某“兵法”、某某“宝典”，诸如此类。如果企业家一辈子都在钻研这些东西，绝对成不了一名成功的教师，更不会成为专家，既不能优秀，更不能卓越。

企业要想成功，经营管理必须将“道、法、术”融为一体。

道法术出自老子的《道德经》，“以道御术”即以道义来承载智术，悟道比修炼法术更高一筹。“术”要符合“法”，“法”要基于“道”，道法术三者兼备才能做出最好的策略。

道，是原理、规律、自然法则。讲求的是追求阴阳调和的自然法则、宇宙运行规则、不因人的意志而存在的规律。如日升日落，春夏秋冬，盛极必衰，物极必反。

法，是一种制度设计，一种相对公开而又文字化的东西。人们常说，要法治不要人治，要法的刚性、原则性、公平性，而不要人的随意性。中国古代的商鞅、韩非子、王安石等等都是法家的代表人物，商鞅变法、王安石变法等等都是对那时的现有制度、机制进行调整和变更。对于企业组织而言，一方面在逐步上规模之后，要由人治走向法治，将规则、经验显性化、文字化，从而更为有效地传播和运行；同时又要看到，法不是道，法是要与具体环境相对应的，没有不变的法。要随着内外环境的变化而做相应的调整，僵化、固守也是有问题的，在"道"的指引下，不断因势利导、优化调整才可以保持法的生命力。

术一般是计谋、手段、方法、方式的总称，或是好的想法、策略。相对法而言，术更是一种决策和计划，其不具备较大的稳定性，但正是这种基于现实情况的快速反应才可能慢慢地积累力量而形成相对稳定的状态。创业企业可能不会有稳定的制度形式、完善的组织结构，但正是这种船小好调头的灵活的经营手法，才使其具有旺盛的生命力，反而生生不息，不断成长。

术、法、道的境界和层次是一个组织从低级到高级的不同状态，能够实现从道到法、到术一以贯之的企业，是将价值观和目标、组织结构和运行机制、员工的思维统合在一起的企业，是构建了学习型机制的企业，这样的企业既守正又能出奇，既能抱法又能用术。

道、法、术是经营管理大厦的三大基石，它们共同构成了中国企业经营管理思想体系；同时它们又并不是完全独立的，而是彼此交叉、相互融合、相互支撑。在实际工作中应融会贯通、活学活用。

1. 以术载道

以术载道就是用工具承载理念。

首先要算账，用工具去承载。工具承载了人的理念，所以理念不一样，工具就不一样，方法也不一样。例如经营会计报表的结构不同，就反映出不同的理念。理念不同，导致它的结构不一样，也就决定了不一样的功能。结构决定功能，这是一种规律，你让桌子滚，它滚不动。它只有滑动，因为没安装滑轮。

经营会计作为【理念+算盘】自主经营最重要的量化工具，有其产生的象、数、理的哲学原理，有其构建的人体仿生学原理，同时其应用遵循的是中西医的诊治原理。

实际上，经营会计的背后有其独特的结构，为什么它的项目要素是销售额、费用、利润，这是因为经营会计是流水账式的单式记账法，主要是用来分析经营问题。

经营会计报表的科目是由老板的理念决定的。例如销售额有利他的销售额，有基础的销售额，这是老板理念的体现。赠品是放在销售额中，还是放到变动费项目中，理念不一样，数据科目所放的位置便不一样，报表的面相也就不同。理念不一样，就决定了科目的结构和构成都不相同。

经营会计数据是业务过程活动的投射，不同业务展开模式，其构成业务活动不同，也是市场策略的呈现。如做电商的与做店铺销售的，其构成会计报表的科目就不一样，电商一定有网络推广费，而店面销售则一定有店铺租金。业务不一样，其科目设计就不同，数据结构不同。所以报表只是工具，要用工具去承载经营者的理念和思想。正如幼儿园的小朋友的考勤表和评价方法是画乌龟、红旗、小红花、五角星来表达，因为这样做是出于让小孩快乐的理念。

其次要小组制独立核算，通过算账让员工去体悟，而不是将你的理念强加给员工，所以我们不能天天空讲道理，通过算账之后，让员工自己知道哪里没干好，哪里干得好，知道从哪个地方去改进。

我们先不要和员工空谈哲学理念，当员工的口袋鼓起来了，有了物质的基础，再来跟他谈哲学理念，这样大家才会相信。在这个过程当中，员工学会如何做老板，体悟到老板的难处在哪里，只有参与才有认同，指的就是这个意思。

在培养人才的时候，我们需要投入一定的资金和资源，当然避免不了一些浪费。然而在这个过程中，员工当家做主，自主经营，有了相应的参与感后，才会得出相应的一些体悟，从而在价值观、理念上对上一级管理部门产生认同感，最终公司的经营理念一级一级中得到落地。

在我看来，一定不要简单地用空洞的理念去教育员工，而是要首先量身定制企业的经营会计，运用独立核算的手段，让各部门先自己学会算账，在算账的过程当中体悟经营的不容易和乐趣，从而提高经营意识，促进员工精神面貌发生变化。

对此，酒仙网董事长郝鸿峰深有体会，“为什么公司会亏钱？首当其冲的肯定是绩效制度不合理。因为我们根本不知道员工的收入是和利润挂钩，还是和销售挂钩？所以卖得越多，亏得越多。”

所以，在核算的过程当中，一定要将“利他”的思想贯穿进去，有人会因利他而获利，同时也有人因为利己而产生损失。员工能够透过经营会计，看到因为利他而带来的实实在在的改变。通俗地讲，就是要通过算账让员工搞明白，老板为什么要这样想，企业为什么要这样做。

2. 以道驭术

什么是“道”，什么是“术”？简言之，“道”就是基本原则，原理，“术”就是操作方法与技巧，工具。

中国文化的特点是重视道（规律、原则、道德、伦理、人情），西方文化的特点是重视术（工具、方法、手段）。“天人合一”“有无相生”这些原理，中国很早就提出来了，但现代企业管理的整套方法，还主要是西方提出来的，泰勒的分工管理到如今已有一百年，我们一直在强调分工，但信息化时代，更要强调合作。要把中西方文化结合起来，其中很重要的思维方法就是“以道驭术”。

所谓“以道驭术”就是基本理念、原理和具体操作的统一，不变的规律和万变的应用的统一，内在和外在的统一，根干和枝叶的统一。

“道”是经营哲学的思想，是企业经营的理念，是能够直接指导企业经营，指导全员商业实战运用而产生的独特理念，带有强烈的本企业符号，而非普世价值观。例如：君子爱财，取之有道。什么样的钱能赚，什么样的钱不能赚。这些道理可从《易经》追踪溯源。

《易经》博大精深，对于它是仁者见仁，智者见智，似乎成为最神秘而有永远理解不透的东西，里面谈到三个概念：“易——变易、不易、简易”。

所谓变易，就是事物永远在不停地变化，唯一不变的是变化。企业面对的市场也是这样，企业自身也是这样，永远都在变化中。

所谓不易，就是变中有不变，市场的基本规律是不变的，企业的基本追求和基本理念应该是在相当长的时间是相对不变的。企业成功的诀窍在于“目的是不变的，手段是多变的”。企业失败的原因往往是“目的是多变的，手段是多变的”，最后乱变而没有章法，失去了灵魂，整个经营就在混乱之中，员工无所适从。

所谓简易，就是解决问题的方法要简便易行。化繁为简，化难为易，所以我提出用经营思维把复杂的管理做简单，正是出于此。企业管理要有效地实施，办法也要比较简约。过分复杂的办法，写成文字的制度就是几百万字，肯定是难以执行的。

我们的企业家在平时的经营活动中，过分重视“术”的学习，因为“术”拿过来就可以用，而“道”却还要转化成“术”才能应用。还有的企业家“术”和“道”不分，只知道用“术”，而不知道用“道”。这些偏执情况都严重制约着企业的进步。

现行的可学习的“术”当中，有一些是错误的，有一些是过时的，需要我们用“道”来检验，来甄别，来挑选。不懂“道”的人，会把好的“术”和不好的“术”都应用到自己的经营活动中，而自己又一无所知，这就非常可怕了。

不是所有的术都能运用到您的企业，任何术都有使用条件，那就是要看您的经营理念、经营原则及战略定位。倘若您实施的是Olny-1的市场战略，如果随便跟随做NO：1市场战略的企业降价，则会是大错，这种做法是影响定价原则的。

2008年，有一电缆经销商差工程款400万应收而不能收回。于是公司悬赏20%提成应收款收回奖励，重赏之下，一员工铤而走险，给经销商使计弄出了“艳照门”，结果很快400万元应收款回笼。此业务人员拿了80万元奖励后，不到一年，电缆公司销售大跌，原因是没有经销商与它合作。这种方法的使用明显做人不正确，违背了“道”，所以给企业带来了巨大伤害。

3. 以法固道

以法固道，顾名思义就是所有的术、工具、方法及理念，通过制度的保障，使之能够持之以恒地得到贯彻、落实及巩固。

在这里，法指的是规章、制度、流程。制度是连接组织和人最低限度的规则。有了流程、制度，才能驱动一个人在组织中按照一定的规矩原则做事情。人和组织联动的背后需要依靠理念的贯彻。理念不一样，制度和机制也就不一样，制度的作用是保障理念的贯彻并实现可持续落地。

把人当作成本，把人当成资本，把人当成根本，这三者的理念不一样，所以机制是不同的。成本和资本本质是把人当成工具，是进行管理和控制的理念；而后者是经营人的理念，人是要培养的，人的潜能是无限的。经营是释放人的潜能，是赋权和赋能去培养人，所以相应的法也就不一样。有什么样的理念，要制定出相应的规则进行固化，使之贯彻下去，以法固道指的就是这个意思。

三种不同理念其组织设计及运行机制

组织	金字塔型	平台型	无边界型
理念	人是懒惰的	人是向善的	潜能无限
对员工	管理	经营	释放个性
工作方式	标准执行	创造性	兴趣创造
驱动方式	上级指令	听客户需求	利他共生

下面来看两则案例。

①孕妇装的故事

阿里巴巴的很多客服、销售是女性。2006年、2007年的时候，很多85后女孩子结婚了，要生孩子了。那个时候阿里巴巴的园区很多挺着大肚子的人，平均一年生700到800个孩子。

因为这类员工都在电脑前工作，阿里巴巴要给她们配一个防辐射的孕妇装，买最好的牌子，一件三百多，加上换洗的，一个孕妇发两件，花600多元。算下来，一年48万元。

当时行政部规定了孕妇装的领用办法：当事人申请，主管批准。而主管怎么确保这个人是不是真怀孕呢，就要配一个几级医院以上的怀孕证明。

这个规定看起来不复杂，600多块钱领出去总得有一个流程手续吧。不过后来复盘时发现，这是一个很愚蠢的政策：这个孕妇服不好看，女孩子爱美，没事不会套孕妇装。

阿里巴巴觉得这么做很不信任自己的员工，就取消了这个规定，当时行政部就提出了反对意见：万一她给自己朋友领呢？

后来阿里做了一个很简单的宣讲，告诉所有员工，给大家准备了孕妇服，保护大家和下一代的身体健康，是给在职员工领的。如果你觉得很好，想给亲戚朋友送一件，到小卖部去买。如果你觉得你在阿里的待遇或者对朋友的友谊不值得这个价钱，你也可以多领。

给员工把话讲透后，就把原来的政策取消了。过了一年，问领出去多少孕妇服，大概还是800件左右，说明也没有员工来占这个便宜，冒充怀孕。

②加班晚餐的故事

在阿里加班，可以再吃一顿晚饭。当时，一顿晚饭公司出15块钱，一年两百五十个工作日，大约吃掉两千多万的加班费。

最早的管理办法很简单，员工提申请，主管批准。主管批准加班，撕张券给你，六点钟开饭，你就去吃饭。这个制度，很多人觉得很正常，用了很多年。

后来在复盘制度的时候，公司觉得这个制度有问题。

第一，谁也没有规定工作到几点以后是加班。所以确实有一批人，六点钟吃饭，申请加班，吃完以后，六点半加班到七点钟走了。于公司，也没有什么制度说这不可以。

第二，公司方从来没有去想，每天五六千个人提加班申请，主管批准，发一张券，这个动作，花了多少时间，花了多少钱。

实际上想想看，每天五六千人写一个"今天要加班"的条子，还得写一个理由：什么项目加班。主管看一眼，批准，还得撕一张券给你——从来没有人计算这个成本。

后来阿里巴巴跟员工讲清楚，加班晚餐是给加班的员工吃的，你不加班最好不要吃。但是如果你今天觉得很累，回去不想做饭，想吃完以后再回去，也没关系。反正公司是我们大家的，我们把公司吃光了，吃穷了，我们散伙。

一年下来，大概前一年加班餐费在1400万左右，取消报批制以后，多了大概100万，变成1500万了。

但计算一下，200多工作日，每天四五千人打申请，主管批准发券，这事值不值一百万？中间消耗掉的人工，消耗掉的效率何止一百万。

为了做管理而管理，把员工设想成坏人，对员工进行行为管控，结果是浪费大量企业成本。

利他的经营理念，得到的数据结构不一样，科目中就有“奖励销售额”。数据结构是经营会计报表的科目，科目定义、科目设计不一样了。为了贯彻利他客户价值，人员提成80%来自“奖励销售额”科目的业绩，20%为基础销售额的业绩。所以只有把道、法、术三者融通起来，才能真正形成企业的生产力，否则文化只是挂在墙上的，自相矛盾的。落不了地，就产生不了生产力，文化也成了空洞的文化。

企业经营必须把道、法、术相融，最终全员参与，让员工能理解老板，实现“三个共同”——共创、共享、共赢。只有这样，才能形成自组织、自驱动、自约束、自激励、自经营和自进化这“六自”经营模式。

中国企业有效推进【理念+算盘】自主经营的整体思路也离不开道、法、术相融：

①统一核心团队思想认知，再以术载道；

②自上而下，由高层到基层；

③从企业的核心问题出发，整体企划，局部突破；

④管理工具都有缺陷，要以道御术，为工具注入灵魂，才能撬动人心；

⑤以经营驱动管理，以法固道，快速夯实基础，把管理做到合目的、简单、高效。

所以成功的企业都是一样的，不管是美国的google、IBM、微软还是日本的京瓷、松下、佳能、洋华堂，抑或是中国的华为、美的、格力，其实都是将道、法、术彻底融为一体，才能真正成就卓越的企业。

2

把准“经营主脉”

联想集团的柳传志先生曾经说过，一个企业领导人的三件事“定战略，建班子，带队伍”，一语道破了企业发展中要解决的三大根本问题，而【理念+算盘】的自主经营手法正好从根本上同时解决了这三大问题。这三大问题是：

①企业的目标和发展方向；

②与企业家理念一致的人才培养；

③搭建员工发展的事业平台和体制平台。

1. 清晰发展方向

企业的目标和发展方向的选择直接与企业领导人的理念相关。企业领导人过往的家庭、文化背景、经历、经验直接决定了其视野、胸怀、人格等，直接形成领导人的价值观、人生观、世界观，从而决定了企业领导人认为“做什么”和“怎么做”才是最有价值的，这就是企业经营哲学思想、经营战略形成的发端。如松下幸之助的经历让他形成“企业No.1”战略，自来水哲学就是松下经营思想的高度升华，即大批量形成低成本高价值的生产方式，即“模仿创新”战略。而盛田昭夫、稻盛和夫的经历让他们都认识到“不被常识所支配”，低价不是生意的本质，而形成了“Only -1”的战略，“完全创新”战略。

2. 搭建系统经营体制

搭建员工的事业平台，让所有的员工在这个舞台上表演，表演得好坏直接就可以评判，从而能够留住更优秀的员工。搭建事业平台是指：

①挖掘新业务和扩大老业务，这是给员工创造发展机会；

②员工贡献大小评判及激励的机制，它是公平评判的标准。

其本质是要建立一套公平、公开、公正的经营管理体系，这套公平的经营管理体系就是“算盘”，它又直接贯彻了企业领导人的“理念”，从而通过“算盘”选拔和培养真正适合的企业人才。那么【理念+算盘】含义与通常的概念就不一样，“理念”是指原理与认知，人懂得了道理，就会产生正确的认知，从而形成正确的观念。“算盘”是指“算+盘”。“算”是拨动珠子的过程，实际是在回顾每一个数据的来龙去脉，在大脑中反映业务展开的过程；“盘”是指“木头框架”，是企业搭建的体制，主要包含组织体系、制度、流程、分权设计、人事搭配。

理念要贯彻到机制中，理念水准不同，意味着机制水准有高低之分，即驱动员工工作状态就有所不同，因为人与组织的关联是靠机制来驱动的。通常员工工作姿态有三种：为老板干；为自己干；为社会干。而与之匹配，企业领导人所给予员工的帮助也有三重境界：给金钱、给事业、给思想。所以企业领导人只有从理念上给员工思想，才能让员工发挥主观能动性，创造出新事业和扩大老事业的业绩，通过“算盘”评判，从而也可以获得物质回报和成长发展。如此良性互动，坚定贯彻企业的经营理念。

3. 培养与企业家理念一致的经营人才

培养人才，很多企业都走入了误区。从对“人才”的定义就开始决定了人才培养的结果。认为只要人才的能力为高水准，这就是企业要的“人才”。殊不知任何事物都具有两面性，大量事实说明“高能力的人才既可以让企业快速发展，同时也可能让企业一夜消亡”，所以人才的关键其根本在于“是否具有与企业领导者一致的理念”。请看下面公式：

人才=【姿态×意识】思维方式×行动力×见识know-how

姿态是由理念和思考问题角度、高度、深度、幅度等综合要素决定的，是一种思维方式。理念是否符合大道，如果错误便是负数，给企业带来发展的障碍，甚至是灾难。理念与领导人保持一致的程度，即理念复制了多少的程度。思考问题是站在自己立场还是他人立场，注重整体利益还是局部利益。姿态就像是汽车的方向盘。

《人物志》等中国典籍早就告诉我们人才等级的分类：一流人才“深沉厚重”，二流人才“磊落豪雄”，三流人才“聪明雄辩”，并阐述了人的品性及思维方式的重要性。

所谓意识就是常态下的习惯思维方式。它也是理念复制后而形成强烈的企图心，潜移默化形成常态的自然反应，如随手关灯、关水、节约用纸、快速应对客户等等。

行动力就是发现机会并快速反应的能力、立即采取行动的能力，好比汽车的油门系统。

见识know-how就是发现问题、解决问题的方式、方法、技巧、手段、经验的总成。看到过、经历过后就有经验可以参照了，做起来就会更有效率。

这些要素是相乘的关系，从姿态、意识到行动力、见识know-how，其重要程度依次减弱，培养的难度依次降低。姿态和意识的培养需要5年才能成熟，而行动力、见识相对容易养成。所以企业培养人才实质是“复制老板”的过程。理念不走样的人才才是企业真正的人才。这和稻盛和夫的成功方程式如出一辙。

成功 = 正确的思维方式 × 热情 × 能力

综上所述，我们可以看出，通过“理念”与“算盘”的互动和融合就可以同时解决企业经营的三大根本问题。企业必须构筑以【理念+算盘】为基础的经营，抓住经营的“目的和结果”，在理念和经营原则的指导下，以遵循基本制度为基础，让全员化被动为主动，才能彻底释放全员智慧，实现“内部企业家”的快速培养，系统解决企业的根本问题。这也是当今企业经营管理的大趋势。“一手理念，一手算盘”，同步解决三大根本问题，可以源源不断地培养经营型人才，这是企业发展的不二法门。

3

贯通“经营主轴”

企业如人，每个企业都具有独特的生命人格。企业经营如人的经营一样，人的经营分为身体和思想经营，而企业经营分为理念的经营和体制的经营。好的身体必须打通“任督二脉”，人体气血才和，而企业也是如此。企业的任督二脉是“理念的高度一致和赋权赋能”，只要抓住任督二脉，就能激励员工，发挥全员经营的智慧，利润随之而来。

1. 抓住企业“经营主脉”

企业经营同时要解决三大根本问题。

一是企业发展方向与目标问题。方向错了，全是徒劳。

二是构建企业系统的经营体制问题，体制就是平台。如果缺乏公平的体制，平台就搭建不起来，就不能实现公平公正公开的经营。不能论功行赏，员工积极性荡然无存。

三是培养与企业家理念一致的人才问题，也就是人力资源的问题。没有人才的成长就没有企业的发展，只有人才队伍成长了，组织力才会提升，企业才会有持续的竞争力。

很多企业把这三者割裂开来看待，从根本上来说，这三个问题不是孤立的，而是相互纠葛，必须同步解决。企业经营方向清晰了才能决定制定什么样的体制，才知道要何种类型的人才，而人才选好还必须赛出更好的，这就是培养的过程。培养了并要留得住，也需要公平的体制。而方向策略、体制、人才都要以经营理念的统一为前提，否则后续的问题无从谈起。

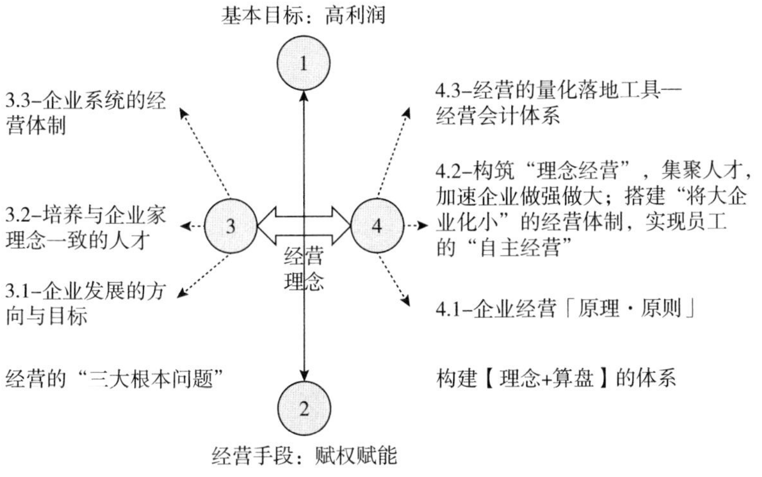

企业“经营主脉”蝴蝶图

如何同步解决这三大问题，才是一个企业的根本。一个企业的基本目标首先是盈利，持续获取“高利润”，就必须要抓住经营的根本——如何扩大销售额，减少费用支出，实现用最小的成本获取最大的利润，没有第二条路径可走。扩大销售额，减少费用支出，需要人才和体制，才能让费用真正地去产生效率。

要能实现“销售额最大化，费用最小化。”就必须构建【理念+算盘】的整体经营管理系统，其构建的三部曲为：①以明确的经营理念为指引，构建经营的战略、经营的原则，这就是“君子爱财，取之有道”。即企业经营的定位，解决方向问题。②构筑以“理念为基础的经营”，聚集人才，加速企业做大做强；将大企业化小，各自小集体独立核算，实现全员参与。即大战略，微经营，实现员工的“自主经营”。③导入量化的系统，用经营会计导入量化衡量的标准，做到有据可依，论功行赏。

所以，经营始终要抓住主脉，发挥全员的聪明才智，才能激活个体，最后实现利润最大化，同时解决企业三大根本问题。

2. 主轴逻辑图

抓住企业经营主脉的核心逻辑在于从经营的高度来彻底解决复杂的管理问题：以“年度经营计划”为基础，通过量化赋权与管控来掌握过程，抓住“目的目标”；运用“业绩分析与评价”实现“人才培养”和“自动改善”。最终，实现企业家的“自在经营”。

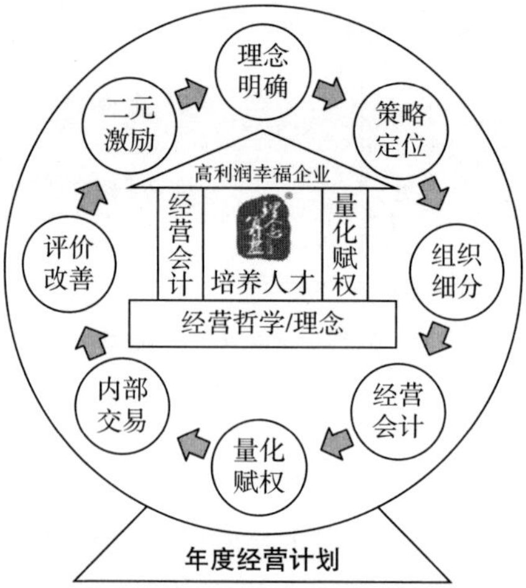

由此可见，八步连环落地法是解决经营主脉的具体方法论，我们称之为经营主轴：从经营原点理念、价值定位出发，定义企业/事业，以此来设计事业模式、商业模式和盈利模式，策定长、中期经营计划、明确企业/事业的战略规划，在此基础上测定年度经营计划，由此搭建相应的经营体制——管理模式=组织×制度×流程×人·事，并分析最小的利润单元，即微事业单元（Cell-SBU），搭建经营会计体系，实现战略到战术落地系统——年、月、

周、每日的利益核算，即量化的经营管理。

经营管理，就是要不断地进行改善，通过经营会计的活用展开T/S-IPDCA（T时间、S标准、I创意、P计划、D执行、C检查、A修正）循环改善，以及组织业绩管理、分析、评价，切实构建起与企业经营者理念、策略、体制相匹配的企业文化。以【理念+算盘】为经营基础，构筑核心竞争力，达成多元化复合发展，最终实现企业组织的横向扩大，并逐步形成可循环的“太阳系”网络型组织。

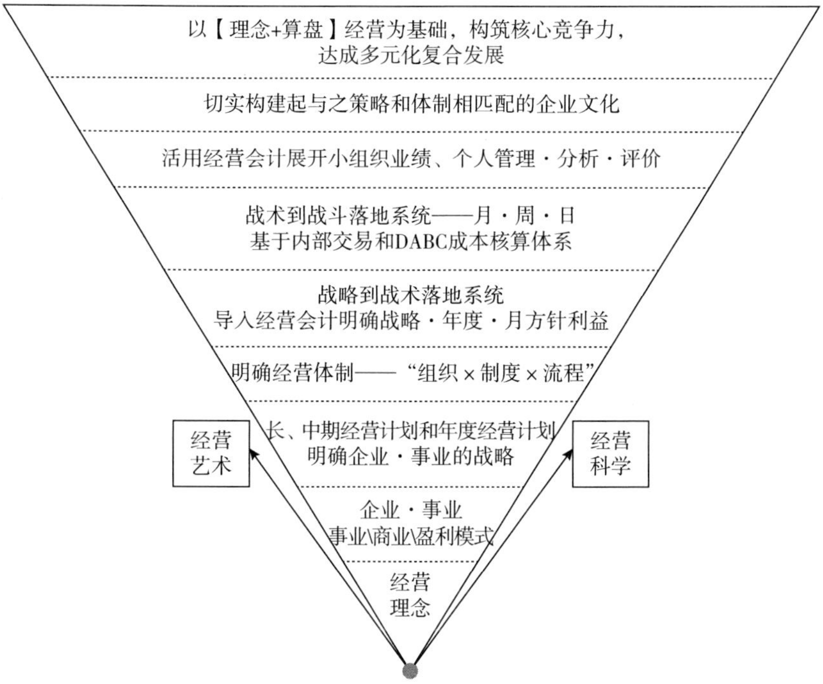

【理念+算盘】自主经营主轴图

企业经营就是将经营理念，通过提供产品和服务去满足客户需求从企业内部员工传递到客户的过程，最后形成核心的竞争优势。这个过程不断循环往复，经营理念由内而外贯彻得越好，竞争力越强。这个可循环的经营主轴系统可以检验出企业经营问题，并进行诊断。如果企业把握了这条线，相当于打通了“任督二脉”，就能构筑起能持续获取高利润的经营系统，其他所有的管理都只是手段，是围绕经营的主轴而展开的，最终实现该利润目标。

3. 打造肌肉型组织，实现高利润

经营企业的本质是经营人。如果把企业比喻为人体，那么人体中各个部分都要血脉通畅，而且肌肉结实、充满弹性与活力。塑造一个没有赘肉、筋骨坚实的组织，是众多企业经营者的理想。

而传统的企业组织虽稳定但僵化：官僚化，“部门墙”高耸，内外人员鲜明差别化……这种组织的缺陷不仅让经营者痛恨，也难以适应当下激烈的市场竞争和快速变化的市场环境。

万变不离其宗，唯有打通组织的“任督二脉”，打造肌肉型组织，才能实现高利润企业。

这里的任脉指的是理念，督脉指的是赋权赋能。企业赋权赋能给理念一致的小组织，激励它们的潜能。在共创共赢的机制下，实现“六自”经营。其本质是在重构一个企业的生产关系。这种生产关系完全是新型的生产关系，它是一种以顾客为中心，让员工把屁股对着老板，脸蛋面对客户的经营模式。

任脉和督脉是阴阳两大脉络，像人体一样，从头到脚，这两大脉络打通，气血才会流畅，四肢才能灵活。有些人得中风病，手脚不能动，嘴巴歪了，就是因为这两个脉络不通畅。经营企业就和中医讲的道理一样，只有把企业的经营脉络找到并且打通，企业才能盈利。

生产关系是由组织、制度和人事匹配体现出来的，通过让员工大胆花钱，思考如何实现价值最大化的花钱，才可能拿回高额的回报。所以，只有识别、牢牢抓住并激活创造利润的最小单位，企业才能产生高利润。就像人体一样，为什么人会得癌症，就是由于“不创造利润”的坏细胞太多了。

正三角组织当中，创造利润的单位是部门；以顾客为中心的倒三角组织创造利润最小的单位是小团队，就像滴滴公司的一个司机和一台车；无

边界组织创造利润的最小单位是个体，这种个性化最后协同作战，给企业带来巨大价值。

在传统的组织结构里，生产关系表现为行政指令关系，一般是由上层的少数人发布命令，让下层的大多数人去执行，这就形成了自上而下的金字塔式结构。在这种结构里，决策层掌握战略，管理层负责战术，员工负责按照标准执行。上层的人行使权力，中层的人承担责任，底层的人定期领工资。组织里每个人的责、权、利是不明晰、不对等的，这就让大家总是产生纵向和横向的利益对比，或责任推诿，或权力争夺，从而出现各种矛盾，危机四伏。

其中执行的流程又长又慢，每个员工都要花费相当精力去配合其他部门，导致效能和价值被互相抵销，沦为了“低效率”的代名词。况且，“员工”被机器化，变成千人一面，无论做什么都是一拥而上、趋之若鹜。员工的能动性和创造力都被磨平、消耗殆尽。

但是在互联网时代，这种模式显然已不再适应，取而代之的是服务型平台组织，甚至是无边界的网状型组织。

关于小组制，韩都衣舍董事长兼CEO赵迎光说：“小组制”在创业之初就已出现，只是一直在摸索，不断在完善。这像是农业合作社过后的家庭联产承包责任制，通过责任到人，员工的积极性提高，从而也提高了生产力。

（1）小组制的理论基础

赵迎光说，我们整个公司应该是一家纯互联网企业，我们参考了日本的阿米巴模式。在整个商业模式创新的过程中，我们就选了阿米巴模式最核心的三个关键词，第一个是自由自在，第二个是重复分裂，第三个是激情四射。用这三个词做整个商业模式创新的核心点，进行了整个商业模式的重构。

我们开始做这个的时候，淘宝已经做了快6年，竞争非常激烈，女装这个行业用常规做法肯定走不通，所以我们一直在思考哪些地方做出差异化来，我们总结了三个“快”：快速学习、快速试错、快速迭代。那么以一种什么样的形式比较充分地来实现这三个“快”呢？

于是我们反过来思考传统企业为什么慢？因为企业越大越像恐龙，它的产品没有问题了，问题在哪儿？战略决策和战术决策。传统科层制，往往是企业的核心高管、董事长这一层负责战略决策。战略决策基本上不会出大问题，水平不够的话，不可能做到企业家这个高度，但问题就出在战术决策之后的中层管理人员和基层执行人员身上。企业越大，基层执行力就越差，中层就越无能为力。

传统的服装企业有三个核心部门，分别是研发部门、销售部门以及采购部门。一般是销售来主导，销售策略制定好了，配合销售，采购部门去落实商品组织。这样有什么问题呢？如果今年业绩好，到底算谁的功劳，说不清楚。所以对于调动基层的主观能动性是非常有限的。

传统企业的管理结构是从上到下，从老板到高管到中层再到最基层的员工，这是个正三角。我们尝试用一种倒三角的模式去管理，我们给整个的模式起了一个名字，就叫以小组制为核心的单品全程运营体系。这个里面核心的是产品小组，有三个人，三个人是基于产品的研发、销售，她们三个人完全在管理，然后其他的所有的公务部门为她们提供支持。所有的小组，放在最上面，所有底下的公共部门给他们做一个支持。

我们当时在设计小组制的时候有五点考虑：第一是尽量实现全员参与的经营；第二是精细核算到每个员工；第三是高度透明的经营；第四是自上而下和自下而上的结合；第五是希望培养企业更多的领导人，这个领导和非领导，我觉得非常重要的差别是决策力，有决策力算是领导，而执行力是偏员工和管理层的。

（2）小组制的成长轨迹

①小组制1.0：从买手到买手小组。

2007年之前，赵迎光折腾了好几年电商，也开了门店，但仍然对未来要干什么很迷茫，他一直在摸索，如何才能差异化？2007年中期，赵迎光接触到了韩国最大的一家快时尚公司。一般的公司是给生产商三四款衣服，每款生产上万件，而这家公司直接给生产商700个款式，虽然款式多，但是单款订单量却少，少则数百件，多则上千件，卖得好再返单。赵迎光恍然大悟，于是立刻尝试这种多款少量的模式。

刚开始公司资源有限，只能做代购，他把重心放到培养买手上，招揽一批学生，将韩语专业和服装设计专业的人搭配在一起，从韩国3000个服装品牌中挑选出1000个，分给40个人，每人每天从25个品牌的官方网站上挑出8件新品，这意味着每天有200款新品。

当时，淘宝搜索是按刷新时间排序，原本赵迎光只是想使产品充足、新鲜，却没想到赢得了流量。这让韩都衣舍很快跟网上千千万万个韩装店铺区别开来，竞争力骤然增强。

但是，这种竞争力主要表现在争夺顾客的前端，赵迎光很快发现这种模式在后台的问题。

第一是代购有几大硬伤，比如等待时间过长，无法退换货，经常断货断色断码，性价比不高等等。

第二是选款师没有经营意识和竞争意识。选款师上完新款之后，顾客下不下订单，这款衣服能卖多少？跟他们没什么关系。

于是赵迎光做出调整：

第一，从“代购商品”转为“代购款式”。买手像从前一样选出款式，然后交给生产部门采购样衣，打样，选料，在国内找工厂量产。

第二，不再要求每个人盯着25个品牌，而是全部打乱，买手之间开始竞争，培养买手的独立经营意识。但是，新问题出现了：每个买手都希望上更多的产品，却不注意库存问题，只选图片上传，买手们对供应链并无太多考虑。

于是赵迎光抱着试试看的心理，给了一个买手2万元，让她自己决定生产件数、颜色、尺码，一旦盈利，公司和买手分成。

这种尝试也有问题：

其一，买手是设计专业出身，你让她去搞运营，终究是不行的。

其二，就算某个买手有经营天赋，但是她又要选款，又要考虑那些经营的事，难免哪头都顾不好。

于是，赵迎光把经营事务剥离了出来，但不是像以前那样剥离给公司的生产部，而是给每个买手配上视觉人员和运营人员。

“买手小组”雏形初现。

几个月后，这种小组+分成制度的优势开始显现了，买手小组的积极性上来了，她们不仅可以找到韩国最新的时尚款式，还能找到相对靠谱的代工厂生产，降低成本，把控质量。库存周转也快起来了。

赵迎光索性在内部做了个试验，成立了两套班子：一套是按照传统服装公司设置三个部门：设计师部、商品页面团队以及对接生产、管理订单的部门；另一套系统是把三个部门的人打散，每个部门抽出1个人，3个人成立1个小组，总共10个小组。两套班子同时开工，3个月后，传统班子被停掉，公司开始试用效率更高、绩效更好的小组制生产模式。

就这样，小组制模式成形了：买手+视觉人员+运营人员。

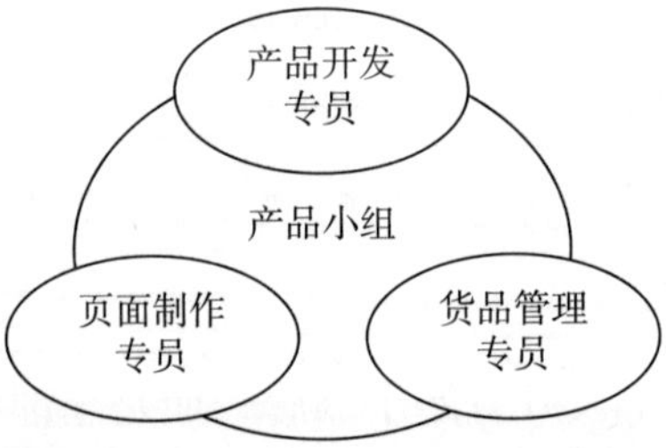

②小组制2. 0：内部资源市场化，大家都是二老板。

2011年，韩都衣舍有了70个小组。小组一多，原来可以调配的资源，没法调了，比如公司内部的推广资源如何分配？店铺的首页，放那个小组的产品？

赵迎光索性给每个小组更高的自治权，款式选择、定价、生产量、促销全都由小组自己决定，小组提成根据毛利率或者资金周转率来计算，毛利和库存成了每个小组都最关注的两个指标。因此，在韩都衣舍的淘宝店里，并不会有统一的打折促销，而是每个小组根据自己商品的情况做出促销决策，以保证毛利率和资金周转率。

对于首页资源，他们有一个内部资源市场化的机制：成立6个月以上的小组，可以竞拍位置；成立6个月以内的，首页拿出专门的位置，让大家抢，谁手快谁抢到。

最重要的财权完全放开，每个小组的资金额度自由支配，而这个额度又与小组的销量直接挂钩，卖得越多，额度越大。在韩都衣舍，本月的资金额度是上个月销售额的70%。比如上个月有个小组卖了500万元，500万元的70%是350万元，那么这个月该小组可以用350万元再去下新的订单。

因此，每个小组都必须有很强的危机意识。假设一个小组是5万元“起家”，小组一定不会把这5万块钱都用去下订单。因为如果卖不出去，就再没有使用额度，小组必须开始卖库存。如果库存永远卖不出去，这个小组就永远没有额度，甚至会死掉。死掉怎么办？死掉就“破产”“重组”呗。

韩都衣舍对各个品类的小组进行竞争排名，排名前三位的会得到奖励，后三名的会被打散重组。这样，每个小组都是一个竞争因子，几乎就是一个小公司。这种把公司做小的理念，稻盛和夫和张瑞敏都在尝试，而韩都衣舍依托互联网的优势轻装上阵，走得更远。

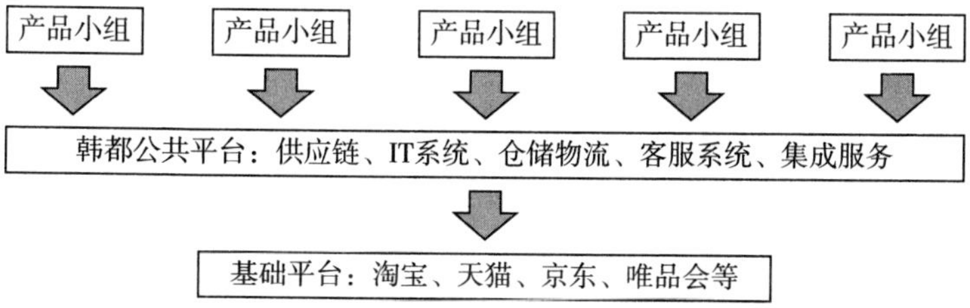

这一阶段的使命是解决内部资源分配问题，也是韩都衣舍整个公司架构全面小组化的阶段。产品小组若是觉得之前对应的摄影小组不够好，那就换一个；若是觉得生产部某个小组协调得力，就会分配更多任务。那个小组就会有更多收入，也会更有动力。整个组织架构就像标准配件一样，可以自由对接，也确保大多数人员的收入能够跟市场绩效挂钩。

③小组制3. 0：为了变态的售罄率。

2012～2013年，韩都衣舍有200多个小组，7个品牌，每年将近2万款，这个阶段最头疼的是什么？是供应链。这就需要全局规划和单品精确管理。所以，小组制又进化了，她们创建了单品全流程运营体系，公司层面则成立企划中心，用售罄率倒逼各个链条做到单款生命周期管理，并统筹全局。

所谓单品运营，就是以单款来考虑的，这一款衣服从设计到销售，全部有数据把控。每款产品的生命周期，都有专人精心维护。平均下来，每个月每个小组管理七八款衣服，每款给什么位置，做什么搭配，冲击爆款能到什么程度，库存水平到什么状态需要打折，长期练下来，自然得心应手。

企划中心则根据历史数据，在年初的时候，参考年度的波峰波谷节奏，制定目标，然后分解到各个小组。每个小组在月度、季度、年度，都有细分的考核指标。企划部相当于韩都衣舍的发改委和数据中心，协调各小组之间的竞争。

企划中心的节奏控制对于韩都衣舍的供应链至关重要，能够让生产部及其工厂提前预测下一步的进度，方便备料。数万款产品下单，没有节奏控制，纯粹找死。

现在韩都衣舍的售罄率能够做到95%，这在服装行业是很变态的，尤其是在每年2万款的情况下。据韩都衣舍分销部负责人刘景岗透露，完成这个指标压力不大。

韩都衣舍为了做到这一点，将产品分为：爆旺平滞。爆款和旺款可以返单（韩都衣舍的爆款不是传统企业的那种动辄几万件。能卖2000件，在韩都衣舍就是爆款了），平款和滞款必须立即打折促销，而且要在旺销时间，稍一打折就会售出。等到了季末，需要清仓的恶性库存自然很少。这样一来，整个供应链反应更灵敏，品质也更易控制。当然这个过程是一点点摸索和改进的，没有历史数据的积累，也做不到预测。

④小组制4.0：孵化“小蚂蚁”。

现在，赵迎光在思考几个问题：韩都衣舍的子品牌阵列能一直这样无限壮大下去吗？它的边界在哪里？到了那一天要如何突破？

韩都衣舍在进化过程中，发展核心动力都来自于“小组制”的一次次升级。但以往的升级都是“向内”的，下一步，能不能向外开放？

赵迎光一直认为，许多人都有设计理念，但往往只停留在想法上，因为测试市场成本太高了。谁会为了一个创意特地找工厂打样、生产？韩都衣舍能不能让这些“外部”的设计人员，也成为韩都衣舍小组？

以设计T恤为例，用户先选择版型，然后设计图案，然后选择生产数量，比如200件20元一件，200到500件19元一件，在韩都衣舍的合作工厂进行生产。接下来，韩都衣舍帮助其进行销售，团队每天出具销售报表。

在整个过程中，韩都衣舍有两大盈利点，一是服务费，二是通过运营数据找到有潜力的设计师，让设计师通过韩都衣舍现有的运营平台，做出“小而美”的时尚品牌。

如果是这样，韩都衣舍或许会由一个服装生产商逐步成为一个时尚品牌孵化平台。赵迎光将这种模式称为“时尚云”平台。值得一提的是，因为设计师可以自主选择销售平台，所以这个模式还涉及到天猫、京东、唯品会等电商。

从另一个角度而言，韩都衣舍可能会用一个个服装品牌串起整个互联网行业。无独有偶，淘宝也为独立设计师单独开辟了板块。赵迎光把这些将会大量涌现的小品牌形容成小蚂蚁，小蚂蚁终会一点点吞噬掉大佬们的市场。

韩都衣舍把服装、系统和数据三个方面融合到一起。通过做服装零售积攒数据，又通过系统把这些数据产品化，最终再次应用到了服装零售。也正是这样一个数字化“闭环”，让韩都衣舍获得高利润。

互联网时代企业间竞争越来越激烈，企业“末端”决策能力将决定企业核心竞争力。韩都衣舍的小组制通过三人小组的最小业务单元设计保证决策效率，通过以数据为核心的赋能体系提升各小组决策质量，这种模式正好贴合了肌肉型组织的要求。

韩都衣舍充分发展和应用数字化能力，构建数字化运营平台，并充分发挥小组制的活性，为互联网时代如何成就有生命力的生态平台提供了一种样式。

第四章

【理念+算盘】的天龙八步

多么宏伟的高楼大厦，都必须有牢固的地基和框架，唯有如此才能进行精装修，否则就成为海市蜃楼。经营企业如盖房子，只要我们掌握了经营的原理原则，目标是对的，路就不怕遥远，经营管理体系就可以构建。

——田和喜

1

理念明确
——理念经营把管理做轻

明确理念就是让员工和老板的想法一致，有共同的事业追求，稻盛和夫曾经说过要提高心性拓展经营，那企业如何塑造自己的经营理念呢？

我曾经见过一位企业家，他直接就把稻盛和夫的“敬天爱人”当作自己企业的理念贴到了墙上，我问他这不是稻盛和夫的经营理念吗？他说没错，我认可，所以我就作为我的经营理念。其实企业没有必要这样，每一个老板成功的经历不一样，都有自己的价值观，无论什么的价值观，最重要的是和全体员工共有。

员工认可了才能够落地，而不应该是老板自娱自乐。企业有对内的理念也有对外的理念。对外的理念就是怎样用理念去感染你的客户。比如滴滴打车的理念就是不要让社会上的交通资源浪费，通过滴滴这个软件平台让每个人都能坐私家车，解决交通不便的问题，这个理念的出发点其实就是利他的，这就是思考的价值点。

如果以这种理念为基础，这个企业就存在大义名分，我们常说好人有好报，得道多助，如果你理念的发心是对社会有贡献的，社会上的人都会被你感动，都会支持帮助你，销售额自然也就来了。这就是理念的价值。

然而同理，滴滴平台后来在追逐资本的路上，离最初的经营理念原来越远，所以恶性事件不断出现，让客户也越来越失望。

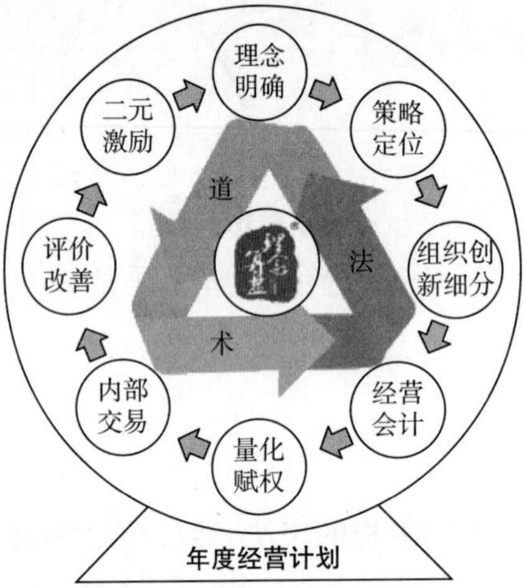

对内的理念就是老板如何对待你的员工的理念。你是把员工当做赚钱的工具，还是带领全体员工共同奋斗，实现物质和精神的双丰收？如果是后者，那么对于员工来说，老板值得追随，企业内部就形成了一个大家族主义。

海底捞火锅店的创始人张勇说过，要把员工当人看。如果是朝着这种方向去努力，每个员工都能感受得到，那么内部的博弈关系就没有了，人与人的关系就变得很简单，员工也会生活得很开心工作得很快乐。

台湾某民族汽车仪器制造公司的老板卢总，2013年我去拜访他的时候，已是73岁高龄了。他的精神状态很好，每天坚持游泳半小时，走路健步如飞，经营企业依然是事无巨细，什么都管。

当时我问他：卢总，您这么大年纪了，干吗还这么拼命呢，不是应该好好养老吗？

他是这样回答我的：我做企业不是为了我自己。我赚的钱，三个儿子一个女儿，花到孙子辈都花不完。我是为了我的员工，特别是基层管理人员和基层员工。中高层管理人员都有钱买房买车了，但我的基层员工和基层管理人员怎么办？

这个理念相信很多企业家都有，但很多人都无法实现。我当时以为他是个大忽悠，继续追问：卢总，这个理念很好，可是怎么落地呢？

他答："落地很简单呀，我只做了三条制度：本公司就业满三年的职工，小孩上幼儿园的学费可报销；满五年的职工，从幼儿园到大学的学费可报销；满十年的职工，如若买房，首付公司出一半按揭。"

中国好老板！我当时听了，很震惊，也很怀疑这样做公司会不会倒闭。结果老爷子给我上了一堂生动的数学课。

他说，你想多了。在这个行业里，我是第一个做的。是我从台湾带回来的技术，所有中国大陆的同行，都是我培养出来的。

曾经，有公司到我这里挖人，我出月薪2000，对方给2500；我出月薪5000，对方给6000，最后我发现我涨不上去了。怎么办呢？

索性我不涨薪了，我的员工工资比同行平均低1000元。幼儿园跟政府沟通好了，公立幼儿园的学费不多。小学、初中是义务教育。幼儿园、高中、大学的学费加起来12万元已经够了。

况且大学考得起才有，考不起的没有。公司只是报销学费，生活费不算。一般高中一学期学费1000元左右，大学一年学费8000元，6万元肯定可以了。

关于买房，当时广州增城的毛坯房是7100元/平方米，这些农民工一般买的是70～80平方的房子，总价是50万左右，首付三成15万。

由于通货膨胀，十年前的18万与现在的18万，根本无法相提并论。而这些钱是员工出的。本来工资比同行低1000每个月，按揭差不多3000多元。

我发现老爷子算的账很精明。那一天，我们聊到晚上7点，我们从二楼办公室走到一楼工厂，在下楼梯的时候，老爷子看到有两位工人在加班，于是跳起脚来骂：混账东西！还不回家做饭，小孩子吃什么？赶紧走！

那两个员工说，老板，不好意思，还有半小时我们就完工了。老爷子坚决不答应，非要让他们走。

后来我问这两位员工，为何要这么卖命加班。他们朴实的回答让我深受感触。

“我们是农村人，什么都不会。我们夫妻俩在这打工，一年差不多十来万。看病有社保。小孩读书、买房，公司帮忙解决了。这不就是咱们家吗？为家里做点事，计较那么多干吗？”

这家企业没有所谓的招聘专员，也从来不打招聘广告。当需要人的时候，就跟员工说一声，我们要招几个人，看下有没有同乡介绍的。员工立马抢着打电话回家，电话打晚了，不好意思，名额满了，只能等下一次。

在这家企业，从来没有员工因公司问题辞职，如果员工想回老家发展了，可以去当地的直营分公司。所有的业务员都是一线工人，老爷子说，不懂技术的人，是没有办法服务好我的顾客的。我从不打价格战，不给回扣，我卖的是高价，但我每一个业务员，在现场就能帮你解决好问题。

过去我认为员工是需要激励的，给钱，给他们高刺激。后来我发现，原来员工要短期收益并不是他本意，而是因为他看不到公司和自己的未来。当一个人缺乏安全感的时候，先把钱拿到手才会觉得安全。如果一个员工能够看到未来，在你这里能够持续衣食无忧地过一辈子，他就不会那么关注短期收益了。

所以，这家企业没有绩效考核，没有计件工资，没有提成，没有年终奖，甚至连离职率都没有，但是利润却是行业的两倍。

从上面的案例中可以看出，理念才是一个企业最核心的竞争力，经营理念需要落地，不能单靠大嘴巴讲。

经营理念落不了地的原因有三：一是理念与策略、机制、管理工具不能相互渗透；二是理念缺乏框架系统，三是管理者知行不一。

那么，什么是经营理念？

经营理念是创始人创办和经营企业的发心。换言之，它是企业创办经营者内心的认知，是对人、社会、自然、经济、产业、资本等的哲学观点，是指导一切的经营活动，是制度和思维方式的根本，能够指导30年以上经营。经营理念不等于普世价值观，它是表达每个企业商业经营与其他企业的经营有何不同的独特之处，体现了企业独特人格特质。

2013年，我们为深圳某国际美甲公司做咨询项目。此公司专注女性美甲，是这个行业的老大。当时做调研的时候，他们的董事长章先生提出只做核算，理念不缺。

第二天就打电话咨询。原来，他们请了职业经理人过来，每天在市场上做营销活动，做策划，销售额大涨。这个职业经理人对设计部门说，完美等于完蛋。一个月推出20款款式，总有一款适合客户。

章先生说，虽然销售额增长，但我们的DNA没有了。我们是行业内唯一一个可以让客户先打款后发货的公司，就是源于十几年来对品质的精益求精。一个款式设计不好，坚决不能上市。如今公司在发展，但不是我想要的，怎么办？

我问他，先生，怎么理解专注美甲行业？

章先生眉飞色舞，“我理解的专注美甲行业，是让每一个开美甲店的人都能成功。现在农村有很多小男孩小女孩要在城市扎根，很难，但他们一年只要投入3万元，开美甲店。做得好，一年可以赚十几万，这样这群人能够在城市扎根。”

他一讲完，他的太太马上不同意，这不是在培养竞争对手吗？如果他们不和我们合作，怎么办。

他的太太曾经是世界美甲大赛的裁判长，世界美甲协会的副会长，她所理解的美甲行业是一种美丽的指甲，女性一旦用了我们的美甲，就感觉赏心悦目，心情愉悦。

她的话还没讲完，公司另外一个股东立马反驳，如果美甲店只卖美甲，是活不下去的，应该围绕着美甲展开假睫毛、美瞳、护理等一系列产品，所以是一种整体的美的享受。

三个高管对公司理念的定义不一样，那么员工该听谁的呢？于是，他们开始讨论，一个下午过去了，最后董事长突然把桌子一拍，说："我们为什么要赚那么多钱？我们花得完吗？我们在东门步行街，深圳最繁华的位置有一千多平方米的办公室。如果一次性付款买下，至少上亿吧？既然钱花不完，那么，要这么多钱干吗？我就想为国家做点贡献，行不行？即使他们不买我们的产品，那至少我的理念实现了，我也有存在的价值！"

所有的人都目瞪口呆地看着他，其中一个高管感慨，当即表态，"我第一次发现我们所做的不是单纯的赚钱，而是做有价值的事情。如果你想这样干，我们都愿意跟着你干。"

就这样，该公司统一了经营的理念：帮助每一个美甲店成功。因为这一条理念，成立了中国第一所美甲培训学校，一个新的业务出来了。

过去很多经营者总认为企业的理念很明确，事实上，因为缺乏清楚的阐述、描述，导致每一个人的理解都不一样。

经营理念是创始人风风雨雨一路走过来，一些关键事件对其人生观价值观产生了影响，并把它总结锤炼以后，明确什么事情能干，什么事情必须干。它是创始人生命的体验报告，不是口号。理念必须为了满足员工的物质与精神双丰收而存在的，必须要利他，最后才能成就自己。

当年我在住友化学任职，就已经朦胧地感受到了日本企业是用理念经营企业，而我们中国的企业家则是千方百计用手段，强调用各种管理方法来经营企业。

一个企业的发展最后取决于企业家。作为一把手，你的哲学思想，你的经营理念进行持续的升级，才不至于有天花板的存在，你才能真正地引领一个企业的员工往前面迈进。

很多老板说理念很难落地，那是因为他缺乏转换的桥梁。理念一般是抽象的，是虚无缥缈的。怎样让员工将它运用到实际操作中呢？由抽象的理念到具体的制度之间需要一座桥梁，而恰好原则就是这么一座桥梁。如果有了经营的原则，用原则来指导制度的建立和检讨制度，企业的理念就容易落地，所以我们说理念要明文化。

通过明文化把这种观念明确下来，而不是只放在老板的脑子里。要写出来，还要把它解释出来形成一些原则。做人有做人的底线，做企业也有做企业的底线。君子爱财，取之有道，该赚什么样的钱，不该赚什么钱，这是一种理念，是一个价值观系统。

具有明晰的理念，浸淫既久，可以纠正员工的坏习惯，最后转变思维方式。公司到底主张什么不主张什么，什么才是应该做的，什么不应该做，哪些钱能够挣，哪些钱不能去挣。所以松下、京瓷、李锦记、台塑集团等优秀企业都有自己的经营原则。不仅企业有整体的经营原则，每个机能都应该有自己的经营原则。

经营理念要落地，员工的理解必须达成一致认知，再不断渗透到经营活动中，并通过策略、制度、流程、工具等贯彻下去，变成员工的行为习惯，逐步形成企业文化。经营理念是一个企业的宪法，是一切行动的指南，首先是用来管理老板，其次才是指导员工的行为。

追求品质与追求数量、价格不同的两家企业在风格、理念上都是不一样的，员工的思维模式也就不同。

中国某民族啤酒品牌公司有一条经营原则——定价是企业的生命线，换句话就是价格不能随便变动。为什么不能动？这是因为它们有一个全生态鲜啤战略，采取了精细化的深度分销。在分销的每一个环节，它的价格体系是不能随便变动的，一旦变动了，整个销售系统全面崩溃。

价格是企业的生命线，违背价格的人和事全部砍掉。有了这条原则，在思考应对竞争对手的时候，员工就不会因为对方降价而跟风。所以这个啤酒企业依据这条经营原则来让员工树立正确的思维，以保障营销战略的执行。

我为新加坡的世界500强企业——某A涂料集团做咨询的过程当中，我们探讨了两个不同的盈利模式点。第一种是常见的盈利模式，即是面对每一辆汽车，涂的漆越多，销售额越大，利润越多。

除了上面的方式，还能怎么赚钱？打个比方，A油漆公司与吉利汽车签合同，A获得利润=每一辆吉利汽车基础材料的用量×价格，这是一部分利润。第二部分利润来源于每一辆吉利汽车的所有供应商平均用量降低部分的50%返还。

这两种不同的盈利模式的背后，前者是利己思维，而后者则是利他思维。这两种不同的思维模式、理念和盈利模式，在经营会计报表上表现出来的销售额的科目也不一样。财务报表是笼统的，只有一个销售额或营业收入，而对于以经营为导向的会计报表而言，其中就有两个销售额的科目体现出是否为客户创造价值——一个是基础用量销售额，第二是价值增值的销售额。

所以【理念+算盘】经营主张要言行一致，表里如一。即把经营理念通过机制和管理工具、行为表达出来，不能自相矛盾。很多企业天天喊的是以客户为中心，然而实际上通过量多，甚至浪费掉现场供应材料来赚钱，理念早就丢失了。【理念+算盘】自主经营的背后是将经营哲学、经营机制与算盘相互渗透与融合，也就是以利他为出发点，能够从商业模式顶层的设计，到每一天日常的运营进行全面的经营管理体系建设。

很多人都有一个误区，认为理念要实现就是让员工天天拿着企业的手册来背来读，其实真正好的理念不需要员工这样天天背天天读，而是要把它渗透到企业的策略、日常的机制中，让我们的员工在潜移默化中去体悟，每天都看得见，每天都在用。如果言行不一致，员工就不会相信，彼此信赖的文化无法形成，天天说教也无济于事。

要把哲学理念转换成数字才叫经营，就是要把理念转化成数字，要让会计核算和哲学理念表里如一，相互渗透，合二为一。作为经营者，要和数字背后的灵魂交锋。

用理念来经营一个企业，才能成就一个卓越的企业。理念拨动算盘，算盘承载理念，经营就有了灵魂，每个人都能够有老板一样的思维，像老板一样去思考问题去做决策，自主经营就是沿着这样的理念来构建的。

经营企业像盖房子一样，要以不变应万变，相对不变的就是原理原则，而为了不断变化的市场及客户需求，企业经营管理的标准和方法要与时俱进，并不断高度化。唯有如此，才能不断创新。

2

策略定位
——市场细分构建高速路

随着经济的深入发展，顾客的改变带来了其他一系列的改变，比如市场、竞争状态、客户的需求、渠道、终端消费者的需求等等，也就是说，在整个价值产业链条上，上下游所有的需求都发生了改变，这就意味着企业的策略也要随之改变，企业组织也要随之而调整。

所以，调整组织的根本原因不是为了调整组织而调整，而是要应对相应的变化。很多传统的中小企业的组织常常忽略了外在市场对我们的影响，组织往往是根据自己的感觉来设计的，而实际上，组织的设计是为了更好地应对顾客的需求而来的。

市场环境对每个企业都是相同的，可是企业家采取的商业模式却不一样，这跟企业家的阅历、经验和眼界、胸怀直接相关，不同的企业采用了不同的策略，体现了它的差异化。策略就是用从单纯的卖产品到卖SBU（战略的业务单元，也是一种市场细分思维模式），顾客要的不是一种产品，是要解决顾客的问题，所以这种方式所提供的就是价值解决方案。企业要做大，做到可持续发展就必须创造新的产品或采取新的商业模式、业态，或选择新的客户需求去予以满足，才能做到基业长青。

当改变SBU构成的关键要素时，即顾客及顾客需求、业态、产品力中任何一个关键要素改变，就会产生全新的商业机会。大多数中国中小企业还停留在卖产品的阶段，因此开发很多产品，当一个卖不出规模时，就迷失在产品开发的漩涡中无法自拔，产生了大量的失败成本。其根本不是产品本身的问题，而是不会构筑业务模式，本质是看不清顾客的需求，只看得到产品。

而同一类顾客的需求在不同时间，会随环境改变而改变，要不断洞察客户的需求，去应对客户需求，因此企业的组织必须不断改变。企业亦如人的成长，组织最少三年一小变，五年一大变。错过了成长，就会错过市场。每个企业都是如此，逃脱不了这个演变的规律。

如蛋糕奶油的行业市场，我们在2010年做了自主经营体系导入全案咨询。调查得知2000年以前属于诞生期和第一次发展期，整个市场都不大，是卖方市场，有货就可以了，供不应求。而到了2000～2003年，随着中国经济的发展，各类型蛋糕店有不同发展水平，开始分化，已经出现了区域大型连锁店和几个小店的店铺经营业态，这时连锁店的企业不仅需要奶油，而是在配送和连锁管理、促销上产生了极大需求。

2003～2008年则是该市场及行业高速发展的时期。经销商、蛋糕店、休闲食品厂商等应用奶油的客户发生了更快速的分化，市场消费者分为高、中、低端市场；全国大型的连锁店要求集中合约管理、分散配送；小型蛋糕店认价格，中型连锁重视性价比。

由于该奶油生产厂家没有细分客户，仍然采取原来一样的业务模式，全部由经销商进行批销，所以2010年停滞不前，一直徘徊在2亿元规模。经过分析，我们将其调整为，大客户进行项目制直销、物流直配服务；中型客户仍然采取会销模式，由经销商配送；小客户采取的是直接电销低价销售模式，由当地经销商物流配送。同时组织结构进行了调整，分为大客户事业部、中客户事业部、小客户事业部。三个品牌独立运营，参与不同级别的区间市场竞争，以应对美国高端品牌和区域低端品牌前后夹击的尴尬境地。

当你的企业有以下几种现象，都表明你需要对组织进行调整：发展速度明显放缓，或低于行业的平均水平，业绩停滞不前，企业文化有僵化的迹象，人才成长缓慢，或关键性人才流失，战略目标与外部经营环境的改变等等。

2014年，中国500强浙江某集团企业的化学板块一直停滞不前，在辅导的过程中，我发现他们的战略、年度规划、组织结构、策略、制度都没有太大的问题，最后只有人的问题了。

这个板块的员工都是跟着创始人十几年一路打拼走过来的，每个人的物质都已经得到满足，而积累的客户资源足以让他们在家打电话就能把老产品销售出去，但新产品一直没有起色。

原因在哪里？在于企业已经解决不了老员工的惰性了。于是我们建议招一批新员工，以助理的名义安排在老员工的身边卖新产品，同时培养新人。也就是说，两个人同时把握一个客户的信息，老员工开始有紧迫感。最后不到半年的时间，销售额开始增长。

也就是说，不管企业从哪里开始改变，哪怕没有战略、战术或者组织策略的问题，三年一定要改变企业的组织，况且客户的需求及市场竞争状态一定在变。

老板最大的价值就在于把自己的本职做好之后，就要腾出时间来不断去发现新的SBU事业项目。为什么稻盛和夫的阿米巴经营能够在50年创造230多家企业？为何雷军在8年时间做到1000亿元规模？雷军、海尔、美的、韩都衣舍等公司都有这种SBU裂变思维方式，这样就可以创造出很多新的商业机会。所以说销售额最大化就是如何在经营好老事业的同时不断开发新事业，因为每一个行业都有一定的市场空间，不可能无限扩张。

任何一个组织，任何一个准则，首先必须以顾客为中心，如果组织听不到客户的声音，那说明这种组织是无效的。

职能型组织升级为事业型组织，是每个企业的成长路径。事业型组织有三个基本特征：第一，有固定的顾客群体；第二，组织的负责人具有相应的经营决策权力，有权决定卖哪一类产品、那类客户是重点、价格以及业务模式等等；第三，负责人要对利润负责。

任何一个企业的经营理念和策略，以及要解决的主要问题共同决定了组织，那么正确的组织设计之后，就要把组织细分为事业型的组织单位，然后识别最小的创造利润的组织，此时就可以划分成若干个小组制来经营。

如何建立小组织经营是自主经营的开始，也是自主经营成败的关键。这个过程，同样是识别并激活最小利润单元的过程，目的是解决战术和战斗性的问题，使组织高效。

组织划分，首先从策略开始，也就是说从市场细分开始。

很多企业长不大，发展遇到瓶颈，一个很重要的原因是企业没有对客户进行细分，导致看不到客户，看不清市场，人才的发展空间也就没有了。

一个企业要留住人才，首当其冲的是要挖坑，即找到更多的SBU单位。在本书中我们把SBU叫做战略的事业单元，有别于事业部的概念。为了便于看透企业组织，我们又划分各种不同的层次，分别为：SBU、Cell-SBU，其中Cell-SBU就是创造利润的最小单位。不同的组织创造利润的最小单位是不一样的。如下图。

每一个SBU和SBU都意味着一个特定的客户群体。当你找到更多的SBU，就能任命更多的负责人。当每一个SBU做到了一亿，有一百个SBU，企业就是一百亿的规模；每个SBU都有一个总经理，相当于培养了一百个总经理的经营人才，只有不断培养经营人才，企业才能快速发展。

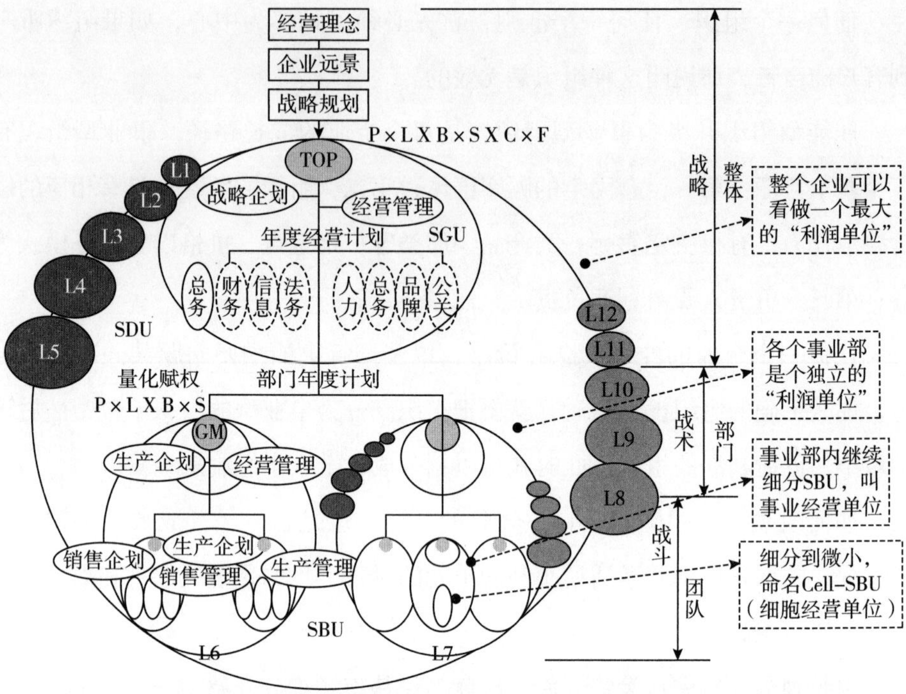

所以要不断细分SBU，把坑挖好，一个萝卜一个坑，人才也就自动培养起来了。我们总认为没有人才，实际上是企业的经营思想有问题，找不到坑，人才也就不能脱颖而出。企业家要有耐心、包容心，慢慢地培养人才。

在企业中，我们经常会遇到这样的情景：一个产品开发出来了，卖不动，销售人员就会责怪技术部门，说开发得不好，需要重新开发。于是企业开发了一堆产品，然而久久也不见盈利。

究其原因，不在产品的本身，而在于企业根本没有把握顾客的需求，构建起相应的业务模式。苹果依靠手机、iPad、电脑、随身听等几款产品占领全球市场，其本质不是产品思维，而是SBU的思维。下面我们介绍一下SBU的概念方程式。

SBU=（顾客·顾客需求×业务模式×产品力）特性

从公式中可以看出，SBU由三个要素构成：顾客·顾客需求特性、业务模式特性、产品力特性，简单而言，指的是卖什么，卖给谁，怎么提供。三个要素中，任何一个要素关键环节发生变化，就是新的SBU诞生。

一瓶矿泉水，在超市里销售，面向的是团购客户，价格是每瓶1元，这里的客户需求是便宜，采用的是批发的业务模式到零售店。在路边的小卖铺，价钱是2.5元一瓶，主要解决的是客户的方便需求。而酒店的矿泉水，普遍卖20元以上，满足的是顾客对品质的需求。而美容院的爽肤水，取少量在客户脸上拍两下，100元，满足的是客户的情感诉求。

由此可以看出，同一产品，从卖经济实惠，到便利性、品质功能、情感诉求，价格是一路上涨的。业务模式的不同，面对的客户群体不同，销售的价格自然也不同。所以大家要有SBU的概念，根据SBU，构建出相应的业务模式。一旦构建出相应的业务模式（业态），就可以占领市场。正如很多人认为丰田是卖汽车的，实际上它是一个供应链管理服务+供应链金融的公司，背后也是卖SBU思维。

同样是一瓶水，有N多种卖法，结果就有N多个SBU产生，于是就有N多个总经理产生。把坑挖好，一个坑有一个萝卜去负责，就会将规模做大。

不同的SBU对于企业的贡献价值定位不一样，正如超市卖白菜SBU，它必须要亏本，因为其定位就是引流，亏得越多，可能其他如生鲜的SBU反而越赚钱。而家电的SBU则是获取现金流，但并不赚钱。现食的面点SBU则是高利润但规模小。所以组合起来，打群架，形成了竞争优势。这叫做商业构造的竞争优势。

不懂SBU，就是不懂顾客，即策略不清晰，即使算账，也是糊涂账，不知道是那种客户赚钱，哪些产品贡献大，因为数字背后没有灵魂。实现企业发展的大飞跃，必须从卖产品转变为卖SBU。

顾客需要的是解决问题，而非产品本身及其价格，性价比是无法满足客户需求的伪概念，我们要更加注重业务模式改革。识别SBU就是拉通研产销，打破部门墙、聚焦客户需求满足的开始。

用任正非的话来讲，就是每一个交付的流程闭环都要有一个负责的总监，实际上就是指SBU的经理，需要对利润负责任。

策略的背后体现的是一种花钱的能力，不同的花法代表策略也不一样，人的经营能力恰恰区分在这里，企业经营的结果也就体现在这里。我们常说将帅无能累死三军，其实就是想不明白策略，企业的利润永远就高不了，你再怎么折腾都是7个点甚至更低。你要实现突破，就必须改变你的策略，否则你就做不出高利润。

> 我们要用大企业的思维来做小企业，才能把小企业做大。把大企业化小，用小企业的手法经营，才能真正把大企业做强。一把手的首要任务是开发新的SBU，培养经营型人才。只有这样，企业才能迈进当下这个“大战略，微经营”的时代。

开发全新的SBU，不仅能避开价格战，同时是大量培养经营人才的有效手段，也是企业快速做大做强的有效措施，它是每个企业推进【理念+算盘】自主经营的关键点。

通常推进【理念+算盘】自主经营，需要一个部门来负责，这个部门就是经营管理部。如果把企业比喻为一个人，总公司相当于人的大脑，大脑由左脑和右脑组成，人的右脑控制左手，左脑控制右手。右脑的特点是形象思维、创造思维、跳跃的思维，因此是感性的思维；而左脑的特点是逻辑思维、保守思维、连续的思维，因此是理性的思维。

一般来说，自己能够创业、经营企业，并使企业走完第一阶段的创业者往往是右脑发达的人。右脑型的老板新点子多，思维跳跃，因此很多企业的经营也是呈波浪式成长。同时，也正因为点子多，天天有想法，导致企业制度朝令夕改，员工无所适从，造成经营混乱。

因此，这样的企业非常需要左脑型人才，作为企业最高的经营管理参谋，也就是作风务实的经营管理部长。

经营管理部是企业经营者CEO的左脑，其使命就是利用经营会计的手法，对经营进行量化管理，从而对组织体系及机制不断优化改良，提高生产经营效率，辅助各部门年度利润目标的达成。

具体来说，其使命及职责如下：

经营管理部部门使命：站在老板的立场，利用经营会计对企业经营进行量化管理的手法，辅佐各部门年度利润目标的达成。

①辅助总经理指导下级各事业单位获取当年利润；

②负责自主经营的落地推进；

③主持拟定年度经营计划与经营管理的循环改善；

④统筹经营管理的体制（组织、制度、流程）；

⑤负责指导组织业绩管理；

⑥战略及战术性改善课题的推进及评价管理；

⑦统筹企业信息化建设工作；

⑧整体企业辅助系统建设及人才培养。

经营管理部门不仅肩负着“生产运营系统”和“市场销售系统”等公司内部的业务体系衔接，并维持企业正常运转的重任，而且还必须起草、修订并贯彻经营管理所不可缺少的公司内部经营制度。

所以，成立经营管理部这一部门，是建立和完善“企业左脑”机能的过程，也是发现和培养经营管理人才的过程，同时也是帮助企业经营者构建、完善整套经营管理体系的过程，因此，经营管理部也被誉为老板的“心灵伴侣”。

3

组织创新

——激活创造利润的小组织

如何建立细胞型小组织，是自主经营的开始，是决定成败的关键，要把组织细分为事业组成单位，就是要将整个集团公司划分成事业单元。这是组织划分的第一步，是自主经营组织细分的前提。目前海尔集团下属的推进本部和产品本部有将近30多个事业部，有2000多个自主经营体。阿里巴巴集团也有25个事业部，还有难以计数的准阿米巴小组织。稻盛和夫的京瓷集团和日本伊藤洋华堂都有几千个小组制经营单元，其手法亦然。

所谓的事业部制就是企业发展大了之后，采取专业性的原则而进行若干属性相同的业务进行合并管理产生的一种组织体制。企业所经营的事业包括按产品、按区域、按顾客或者按市场等来划分部门，设立很多的事业部。事业部是在企业宏观的领导下拥有完全的自主经营权，实行独立经营、独立核算的部门。它既受公司控制，也可以是一个利润中心或可能是一个投资中心，具有独自利润创造和经营管理的职能。同时也是产品责任的单位或者市场责任的单位，对物料的采购、产品的设计、生产制造以及销售、售后服务负有统一领导的责任。

在事业部体制下组织可以继续划分成阿米巴单元，京瓷“阿米巴经营”这个名称源自于一位员工的话，稻盛和夫把京瓷的小集体组织比喻为自由自在的重复进行细胞分裂的阿米巴，所以阿米巴作为一个核算单位，是一个拥有明确的志向和明确目标，持续自主成长的独立组织。它具有一个公司的完整的机能。

为了在全公司实践“销售额最大化，费用最小化”的原则，京瓷集团对组织结构进行了细分，使它们变成了一个个独立的核算单位也就是阿米巴组织，然后在每个阿米巴安排负责人进行领导并下放经营的权利，阿米巴的领导在得到上司认可后负责全面的经营，包括指定经营的计划业绩的管理、劳务的管理，资材的订货、产品的交付等等都自行负责。

阿米巴经营是【理念+算盘】自主经营的一种典型形式，是在“正三角职能制组织形态下的小组制经营”。

组织细分要有三个基本条件。

第一个条件，为了划分后的小组织能够成为独立的核算组织，需要有明确的收入，同时能够计算出为获取这些收入而所需支付的费用。也就是为了采取独立核算制必须要能够计算这个小组织的收支，为此必须准确地掌握独立核算组织的收入和支出的情况，才能核算出它的利润。

第二个条件，划分后的小组织即最小的细胞组织必须是独立完成业务的单位，所以它的领导才有可能钻研创新，萌生出工作的价值。

在京瓷的生产部门中，最先被划分成阿米巴的是原料部门，这是生产工序中最早的一道，起到调配原料的作用。如果按照这个概念，企业的人事部门就不能划分成一个独立的阿米巴，因为人力资源部门就算是招聘也没有办法独立完成。比如我们要招聘一个结构工程师，还是要请研发部门的总监和这个人事部门的招聘专员一同来面试。

第三个条件，能够贯彻公司整体的目标和方针。即使能够明确计算收支的状况，是一个能够独立完成业务的单位，但是如果这个小组织妨碍公司方针的实施，不能将公司的整体目标和方针推广开来，我们就不能把它做成一个独立的细胞组织并划分开。理由就是如果将组织细分成经营细胞单位后，公司内部的协调机制可能被分割得支离破碎，那就无法完成公司的目标和方针，反而事与愿违。

按照这样的定义，自主经营的细胞组织应该是一个利润中心或者投资中心，其他作为费用中心或者成本中心而存在。比如财务部，人事部，采购部，研发中心，信息中心等，它们都不是天然的利润中心，是不是可以变成利润中心的细胞组织呢？答案是不一定。然而，如果不变又如何通过自主经营来激发它们的活力，让它们同样感受到市场的竞争压力呢？

很多企业推行了阿米巴经营（自主经营V1.0）三年都没有什么效果，可能的原因是组织一点都没有变，还是过去传统的职能型的或者行政命令型的组织，只是为了组织的细分而细分组织。如果策略不清楚组织就不会清晰，责权也就不清晰，费用的划分和使用也不会清晰，那么，经营报表即使做出来，部门之间也很容易扯皮，而且算的还是糊涂账。

组织细分的目的是为了看清市场的经营状况，组织细分不清就代表你的责权不清，就没办法看清企业经营的实际状况，但是组织细分也不是越细越好。怎么细分，要根据企业的实际情况，自主经营组织的细分要贯彻经营者的意志，所以说一个公司要分成几级细胞组织，公司内的部门或者班组能否划分成细胞组织，能否实行独立核算，这是管理的科学，更是经营的艺术，同时也是经营者的意志的体现 。

比如说，售后服务部门是不是可以细分细胞组织呢？它们有明确的收入也有自己的费用，从科学的角度来说是可以划分的，但是如果老板对自己的产品不是很有信心，对售后的定位就是为了支持销售，为产品销售的达成，售后不计一切代价，那售后部门还有必要细分成细胞组织进行独立核算吗？如果产品销售不赚钱，利润来自售后服务。比如汽车的4S店整车不赚钱，是靠售后维修保养赚钱，那这样的售后部门就可以划分成细胞组织进行独立的核算。

随着网络时代的深化，现行的组织中有正三角形的官僚组织、倒三角形的服务型组织，以及无边界网状组织，它们在很多企业会同时存在，这也是今天这个时代企业组织进化的路径。如下图：

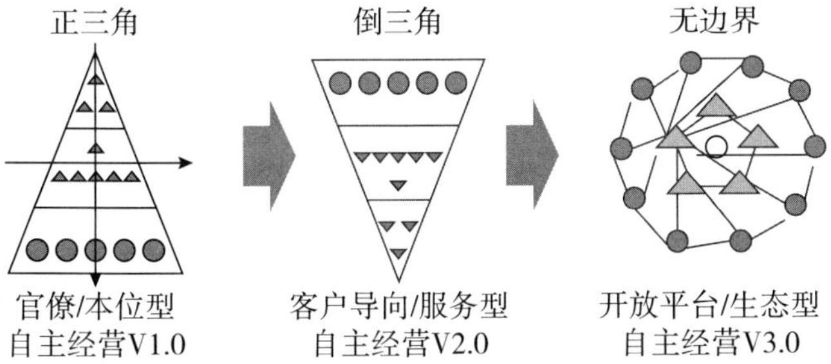

正三角组织创造利润的最小组织是部门，这种组织场景下员工的姿态是被动听差式，一切听老板的指令，听上司的命令干活，通常采取部门的独立核算，经营集体式的激励，难以看清哪个部门的贡献大，员工积极性不高。

倒三角组织创造利润的最小单位是小团队，如韩都衣舍的“买手、推广业务员、商品管理员”三人小组，这种组织场景下员工的姿态是以客户为中心，屁股对着老板，通常采取的是把经营权赋权给“三人小组”经营，利润独立核算，管理职能变成平台赋能功能，决策层变成了服务员，“三人小组”与企业平台进行利润分成。

无边界组织，也称开放的平台型组织、网状组织、全生态组织。这种组织场景中创造利润的最小单位是“有特质个人”。员工的姿态是为利益相关者的伙伴，是共生利他的理念在工作。如滴滴打车的平台司机，只有利他才能真正在平台上生存。此时以“人车”作为最小的独立核算单位。如此一来，以订单为主线的每个人的工作贡献即可清晰衡量，所以进行独立核算与平台直接分配价值。

为了应对内外环境即客户和员工的个性化，价值交付和供应链的柔性成为必然，所以企业前线变成动态的小组织，其工作是创造性，趋于不稳定性结构，随着订单项目的发起和完结而灵活聚散；而组织扁平化逐渐去中间层，沟通渠道缩短，中台职能赋能给前线小组织，其工作是相对静态。要赋能就是要做好知识管理、方案集成、前线员工能力培养及运作平台体系的搭建；而对于后端资源管理部门，主要提供粮草弹药的充分保障。决策层的核心就是要把握发展方向和新业务项目SBU的开发。

由此可以看出，只有通过组织创新，细分组织，识别最小的利润单位，赋权赋能给细胞组织进行独立核算经营，给以贡献价值清晰核算，从而透明公平分配，就可以激活最小的细胞单位，释放员工潜能，为企业创造高利润。

4

经营会计

——数字化经营，看清问题与贡献

1. 四种会计的区别

讲到经营会计，必须提到日本的松下幸之助和稻盛和夫，以及中国互联网化的先行企业海尔和张瑞敏。企业有财务会计体系，为何还要花费大量的人力物力导入一套经营会计体系呢？难道这不是在增加员工的工作量吗？起初稻盛和夫也是怀有这样的思想。在创建京瓷五年后的一年年底，财务向稻盛和夫汇报，利润是去年的两倍，应该怎么发年终奖？既然利润是去年的两倍，按理来说，年终奖也应该翻番。然而，财务却让稻盛和夫去银行贷款为员工发奖金。

为什么会这样呢？

原来企业的应收账款非常大，没有现金流，库存也占用了一定的现金流。所以稻盛和夫抛弃之前的思想，改用经营会计体系。

20世纪90年代后期，信息化的高速发展，企业PDCA的循环周期变得更短，稻盛和夫在继承松下幸之助的经营管理会计的基础上，实现了单位小时附加值核算会计。

松下幸之助说，会计是经营的罗盘，会计处理必须有益于经营。事业部赋权体制与会计决算制度表里一体，是松下电器经久不衰的经营秘诀，如果会计处理紊乱，即会招来经营的紊乱。也就是说，会计的设置是要为经营来服务。它是一门量化经营的工具。

稻盛和夫说，不管是在公司还是在出差，我都第一时间通过看每个部门的“经营管理会计报表”，通过销售额和费用的内容，就可以像看故事一样，明白每个部门的实际经营状态，经营上的问题也自然而然地浮现出来。

这就是日本人的现场经营思维，因为这些经营者如果不去现场，他便不懂业务。实际上，很多中国企业的财务人员不懂业务，业务人员也看不懂财务报表，缺乏经营的感觉，优化的方向也只能拍脑袋而决定，优化之后到底能给经营结果带来多少帮助，也只能凭感觉。

而不管懂不懂财务，作为企业的一把手，至少是有成本意识、费用意识的。所以，中国企业无论是否导入内部交易或推行小组织自主经营，都要构建自己的“经营会计体系”。

财务会计、管理会计、经营管理会计、经营会计这四种会计报表有什么区别?

财务会计报表是受国家会计法的约束的，不能按照自己的状况去调整里面的规则。财务会计的信息为投资人、债权人、政府等外部利益相关者使用，对直观提升经营水平的帮助十分有限。

管理会计起源于欧洲，在20世纪50年代成型于美国，是以提高企业的经营效益为目的的，通过对财务信息的二次加工，为企业内部管理者提供“决策依据”，在一定程度上推动了经营水平的提升。

经营管理会计报表成型于20世纪70年代的日本，是直接以提升企业的效率、收益性以及成长性为目的的一门系统量化的工具，对提升经营管理水平有非常强的针对性。

随着互联网的发展，信息时代的开放和透明，企业经营的一切必须利他、共生，以用户、顾客为中心。企业价值创造衡量的指标明显区别于工业时代，如，企业价值大小不仅仅看盈利，还要识别用户数、客户数量及网络社群黏度。这些都将在未来能产生巨大价值，此时传统的三门会计学无法满足经营的需求，由此诞生了“经营会计学”。

10年来在总结大量企业经营实践案例的基础上，我们总结出了上千家企业为经营服务的会计背后相同的规律，从而诞生了适合今天企业经营的经营会计原理原则、标准和方法。

经营会计是以“象、数、理”哲学思想为基础，利用仿生学原理和中医整治手法，通过数据计量来系统反映企业经营实际状态，并将财务与业务数据进行彻底融合的会计学；并据此为追求企业经营上的生产力、收益率、安全性和稳定性而创造的经营即时量化决策工具，拥有一套更精准、有效的企业数据获取系统及分析原理原则和方法体系。如海尔就产生了“人单合一”的独特的经营会计体系。也由此，其财经部门进行了改革，分为共享财务、战略财务、专业财务、业务财务。

企业管理者常常无法从汇总的财务数据中找到可以直观地分析并解决问题的方法，如何把有限的资源在这样多变的市场环境中进行投入并发展新型业务？

为了让全体员工都能够站在老板的角度不断思考“如何提升业绩，降低费用”，哪些地方还存在改进空间，采用经营会计系统，就像照妖镜，立即就能发现企业的问题所在。及时准确地做出经营决策，并解决了通过量化的数据来贯彻经营者意志的难题。

曾经有次现场的培训课，共有536位学员，台上的老师问大家能看懂财务报表的请举手，只有13位学员举手；再问，非财务专业的，就只有8个人。还有很多的老板都感觉算得不对，因为会计说账上赚了800万，税交了200万，结果老板还得去银行贷款。可见“赚钱”和有“利润”是两码事。

所以，经营会计完全是从经营的视角出发，简单易懂且科目设置灵活，并且将公司高层、中层、基层的目标进行统一，全部朝着一个目标前进，回归到经营的本质，帮助企业获取利润。这是经营会计体系V1.0版：看清问题、全员参与；经营会计体系V2.0版：提高系统性解决问题，生成固定分析模型，形成全员参与的经营；而V3.0版则是为企业培养理念一致的经营人才，彻底将理念与算盘融合。

（1）经营会计损益表的形态

经营会计损益表长成什么样子呢？它与财务会计有何区别呢？让我们看看它的真面目。

财务会计的损益表 年 月 日～年 月 日（单位：万元）	
1. 营业收入	×××
2. 制造成本 （销售成本）	×××
3. 营业总利润（毛利）	×××
4. 销售费用	×××
5. 一般管理费用	×××
6. 营业利润	×××
7. 营业外损益	×××
8. 本期纯损益	×××

经营会计的损益表 年 月 日～年 月 日（单位：万元）	
1. 销售额	×××
2. △变动费	×××
3. 边界利润	×××
4. △固定费	×××
5. 经营利润	×××

从总体上来讲，经营会计与财务会计区别如下。

维度	经营会计	财务会计
构建理念	贯彻经营者意志	国家意志
核算对象	企业实体，按运用层级的需求确定，可以直接核算到最小的价值创造团队	公司法人主体
谁来使用	各级经营者	股东、财务人员
制度依据	企业自己的《经营会计制度》	国家强制的《企业会计准则》
针对性	原理相同，报表定制，针对性强	便于税收管理，企业普遍通用
核算周期	每月，每天，甚至每小时	通常每月核算
运用特点	表单少，通俗易懂，与工作紧密结合，每位员工都能看明白，简单易懂易用，自我分析问题、寻找原因、制定对策	表单名词与内涵复杂，专业人员才能看懂
运用效果	时刻反映企业经营实态，进行战略、战术、战斗全方位分析，直接反映出企业竞争力水平。洞察到经营根本问题	无法反映经营实态，难以直观简便分析经营问题

（2）核算周期

财务会计报表一般以事前预算，事后结算完成，且一般以月度、季度或年度为周期，对过去一个较长周期的财务数据进行统计分析，所以存在严重的滞后性。而经营会计报表的目标是及时反映各独立核算单位、各层级班组、车间、部门组织至企业整体的经营情况，所以核算周期为小时、日、周至月为周期，及时反馈经营情况，对不同层次组织，随着企业信息化和经营管理水平的进步，其核算周期会逐步缩短。

现在有些公司的经营会计报表战斗层级细胞利润组织甚至已经做到了以日、小时为单位；华阳精机、京瓷、洋华堂的“附加值单位小时核算”已经成型。

经营会计报表以每日、周为单位有哪些好处?

举例：B公司是我国一家以生产经营医疗器械和消费类电子产品为主的多元化企业，其彩电业务于市场上出现了同类竞争品类，竞争对手因为一项黑科技的研发生产，导致市场上的某系列产品销售价格甚至比出厂价还低。但因为部门墙等种种原因，生产与销售衔接沟通不及时，B公司的生产部门还按原定生产计划生产，并在2个月后进行调整。于是该生产部门这2个月生产出来的库存商品很有可能成本都无法回收，且成为积压商品。

利用经营会计对所有部门进行独立核算，内部市场化使得生产部门与销售部门由行政关系变成了契约及客户关系，而且明确了材料库存由生产负责，成品库存责任由销售负责；以日、周体现经营利润结果，生产部门每日、周及时与销售部门沟通，当市场上有了低价竞争品马上就可以在报表上反映出来，“销售额”开始下降，而且“库存利息”增加，销售系统就会立即与生产沟通，及时反馈市场情况，生产系统就会及时采取适当对策。

（3）灵活性

财务会计及报表要求符合国家相关法规，所以很多老板说会计贯彻的是国家税务局的理念而非自己的。而经营会计使用对象为内部各自主经营小组织到高层、老板，所以科目及报表数据只要符合内部《经营会计准则》规定即可。因其根本目的在于，通过利于企业直至利润获取的最小单位的经济业务为出发点，记录下经营活动的过程及结果，用以循环改善，并统一内部的沟通语言，反映企业实际经营水平，帮助企业提升经营能力。换句话说：老板更认可的是经营会计计算出来的利润。

财务会计只有纵向科目，它所列项目和定义必须符合国家财税法规；而经营会计科目分为横向和纵向科目，纵向科目按照企业的业务展开过程和特点来列项，本质不是会计科目，而是业务活动科目。它的横向科目可以按照组织结构部门直至创造利润的最小细胞单位、商品、客户、区域、品牌、业态、渠道等诸多分类的项目来设计，所以经营者会时刻按照自己分析的需要做出不同经营会计报表。一言以蔽之，就是按照经营者需要来设计数据信息的获取，运用整体过程规则和报表体系、分析模型。

（4）维度交叉

对于各自主经营细胞单元，可以先看出实际的经营情况，再按客户、产品、区域、收入、成本、费用等实际情况进行多个维度分析，找到自己真正未来的发展方向。

一个产品赚钱，一个客户赚钱，一个区域也赚钱，为啥公司就不赚钱呢?

问题就在于产品赚钱一般财务会计看的是毛利润，但是再减掉各项期间费用，公司就不赚钱了；再扣掉存货占用的货币资金，老板有可能就得出去贷款。

一个客户赚不赚钱?赚钱，表面上看都赚钱。

LXYP是Y总与著名家电MD和知名农牧××W集团合资设立的一家调味品行业集团公司，面临的主要问题是每一个客户都赚钱，但是成立5年的公司不赚钱。其东北区一大客户年销售额2个亿，大客户能压价，财务数据上看虽说毛利率很低，但总归是赚钱的。

通过多个维度分析，为其服务的2000平方米仓库有4个，租金800万；服务团队20人，年成本240万；资金使用费310万，外聘80万年薪高管1名，80%的时间都在服务该客户。

该客户产品结构多为低毛利产品，通多维度交叉分析，我们对该客户理出了其经营会计报表，问题马上浮现出来，根本不赚钱。

现在，请把你的垃圾客户、垃圾员工、垃圾费用、垃圾业务该送到竞争对手那里了。

（5）精细化

经营会计是要反映经营的实际状态的一门会计体系，它的每一个数字都是业务活动的直接投影，因此对每个管理活动都需要有充分的记录。当每一笔费用产生时，会计账务的记录必须满足数据描述的完整性。

完整性的程度决定了核算至那个组织层级及整体数据信息的颗粒度大小。就像对于一个人的描述一样，对于一个人的生物学特征描述有：性别、年龄、肤色、体重、身高、血型等等，只有完整了，作人的各维度分析才能精准。

当我们出差时，会产生产率费用，而传统的财务报销单据往往是财务部门从外购买的通用型报销单，所填数据非常笼统，导致后续业务分析事事无法分清，因为描述维度太少。因此，至少要表达出：这笔费用开销到部门、业务、产品、订单、客户、区域、品牌等等。

由于传统财务会计只需要经营的结果，进行汇总出表，给到投资人、银行、税务等机构即可，万事大吉。

所谓经营会计的精细化，是指对经营活动的过程每一行为轨迹都产生数据记录，这就是今天所讲的大数据。而这样的数据要求财务和业务流程能进行高度融合，同时通过数据记录又可以促进BP的优化，达到财务和业务的相互促进。为此，很多大型企业把“经营会计”也叫“业务会计”。

2. 经营会计是一门系统会计学

经营会计体系是与企业整体经营管理制度息息相关的体系，一张简单的报表背后是一整套保障机制，贯穿事前计划、事中控制、事后分析的报表，确保实现数据的完整性、及时性、真实性。

好的激励制度会促进员工成长，带来的结果一定是公司成长。节约成本并不是最终目的，企业经营能力的提升才是目的。经营会计报表有时候就像是一个体检报告，告诉企业经营的问题以及机会所在。让员工学习站在老板的角度，解放老板，使其感受到经营企业的满满乐趣。

表面上看经营会计最后是一张表，实际上要出经营会计报表则是整个经营活动T/S-PDCA的循环过程都要极其精细化管控。没有计划既没有管理，没有T-目标、S-标准、P-计划、D-执行、C-检查、A-改善行动。那么，一张简单的经营会计报表是如何贯穿，简单而且能让每个层级的组织都能很好地运用呢？

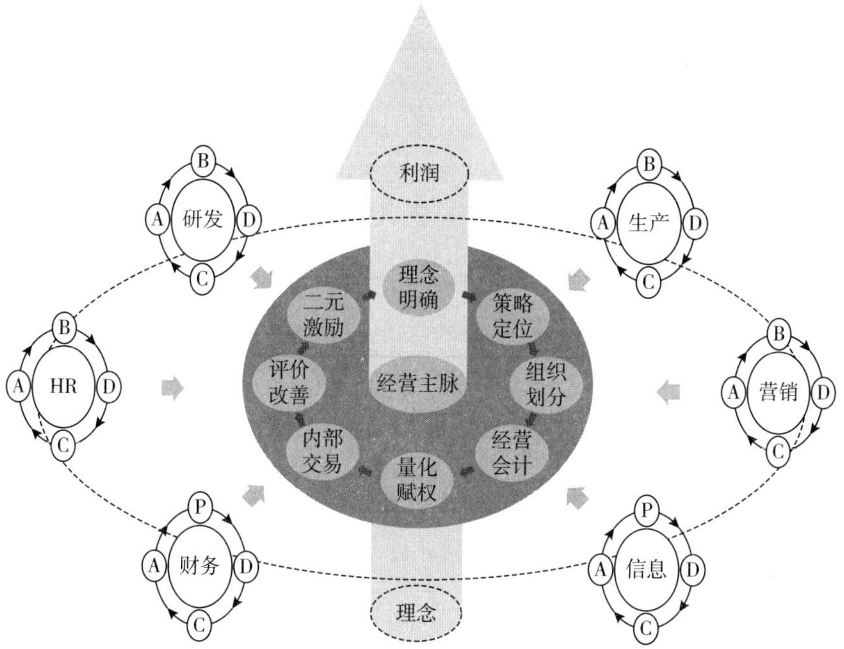

上图所表达的是所有价值链及功能职能部门都是要围绕“经营主脉”来运行各自独立核算单元的PDCA；而“经营主脉”就是“从经营理念明确、策略定位怎样赚钱、组织设计及细分组织、经营会计体系导入、量化赋权赋能、企业内部交易、各层级组织绩效管理和评价激励”。

所谓经营主脉就是贯穿到所有企业所有层级组织的一条运营主线，这条主线犹如人体“任督二脉”，把此主脉打通，人气血就通，企业利润自然而来。经营主脉是企业的整体性运作主线，一切都直指利润和理念。

各独立核算单位的PDCA都是围绕“主脉”同频率展开，就是从“研发、生产、营销、人力、财务、信息”等所有单位以企业整体共通目标来经营，不断促进“PDCA”的循环。如下图。

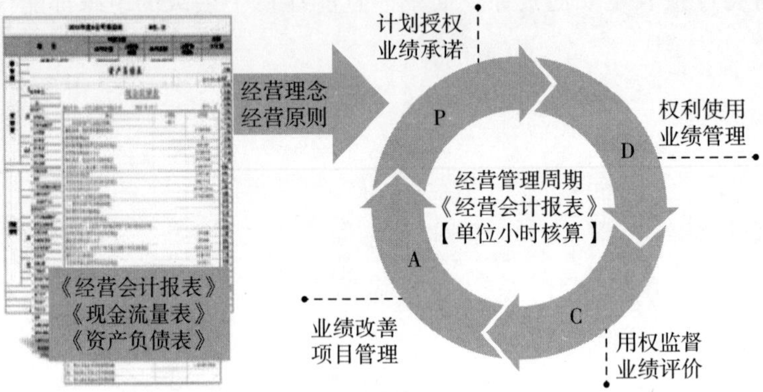

要让PDCA循环起来，一张简单的报表就可以了，然而要让大家都来用这张经营会计损益表。首先，必须像财务会计一样制定企业自己个性化的《经营会计准则》，这样才有一致的数据定义、采集、汇总、分析、传递、应用等一系列的标准。同时要用此表做计划，必须有相应的机制来配套保障数据获得能按标准执行。如：要把计划做好，最少需要《费用报销制度》《经营计划管理制度》《量化分权制度》；执行过程要做好也需要《业绩管理制度》《统计管理制度》；检查评价也需要《绩效分析会议管理制度》《审计监察查制度》等；要做好评价改善就需要《创新项目管理制度》《知识管理制度》《组织绩效评价制度》《绩效考核制度》等等。

除此之外，关于数据信息管理的权限设计及保密要有清晰规定。由此，可以很清楚地得出结论，经营会计报表只是经营结果的呈现，要得到最终的结果并加以运用，也是一个系统工程，所以它其实是一个完整体系，并且这个体系和业务体系的管理体制息息相关，最终融为一体，为企业经营分析决策服务。

所以说，经营会计是联接企业各个环节的一门系统会计学，通过一张简单的损益报表，让各部门原已存在却未凸显的症结自动暴露，让全员看到这些症结系统传导怎样影响了企业整体利益。战略、战术、战斗各层面隐藏的问题也就清晰地浮现出来了。

企业存在并不拘泥于某种固定的形式，而是处于不断的变化之中，不断的循环优化，经过时间不断完善。积极的评价和分配机制，令每个人都想成为团队中的英雄，优秀的人才会自动凸显。通过经营数字来体现价值贡献，用数字与激励机制配套，从而真正地去改变大家。大河有水小河满，利他才会获得更好的个人收益，从而进入正向积极的循环。通过算账，做中学，做中悟，加深每个人对经营的理解。

【理念+算盘】自主经营不是一套简单的核算体系，而是以经营哲学为基础，将经营会计核算系统和经营体系、自主经营管理体制三者相互融合的体系。经营会计体系并非独立存在，而是要把它融入企业原有的业务体系中，注入理念才能真正地发挥效率。

也就是说，只有把自主经营的思想融入企业的整个运营体系当中，才能真正叫落地。最后通过理念和算盘两方面打通来量身定制，就是你企业独具特色的经营管理风格。所以其本质是有灵魂的数字经营法。

对此，中外运发展股份有限公司杨总深有体悟，也道出了【理念+算盘】自主经营的精髓。她说，首先是算账，其次它可以夯实企业基础，再次可以培养人才，接着逐步内化为企业文化，到最后它什么也不是，而是转化为全员的一种思维方式。

正是通过这样让员工与员工之间，员工与企业，股东与股东，都形成深层的信赖关系，才可把管理做轻。因为员工和老板的思维是在同一频道，知道怎么开源怎么节流。

所以，经营会计这门会计学最大的功效是能够形成一套完整的数字语言，在企业内部来达到有效的沟通，形成统一“语言”。

经营会计是系统量化工具，它的特点是非常简单易懂易用，能够帮助经营者一目了然地掌握经营的实际状况，看清看透看系统，贯彻经营者的意志。例如，将一个工厂的生产车间设为一个独立的利润单位，并实现在经营会计原则的独立核算下。通过经营会计报表就可以清晰地反映出这个车间对整个公司利润所做出的贡献和业绩的大小。通过单位时间核算表来体现单位时间员工所创造的附加价值。

很多酒店一把手，因为看不清哪个部门盈利，哪个部门亏损，各自的贡献表现在哪里，所以企图通过用行政命令式的制度要求员工去执行，然而实际操作的效果往往达不到预期：早餐券有时候不发，发券并没有和客户沟通好，甚至有些不拿券也可以吃早餐。为什么会这样？究其原因，是因为这件事和员工的利益没有关联。

如果通过简单的核算给员工记账，或许效果就不一样。打个比方，一个早餐15元，早上收100张券，即收入为1500元。整个早餐花了多少人工，做了多少菜，柴米油盐酱醋茶花去了多少，加上固定租金，就得出早餐的支出费用。用收入减去支出成本，就得出利润。利润的进步性体现在哪儿，要和员工的利益挂钩。这样，我相信每一位员工都会非常用心地收早餐券。

经营会计是在自主经营小组制的运营模式下的应用，它是将领导力的培养现场化。将小组织利润核算、经营能力的培养、理念三大企业管理的难题集中在一起予以解决，本质是一种量化的赋权的管理模式。

相比传统的会计只注重财务核算方面的事情，而管理会计更注重管理的过程，研究如何站在管理者的角度去看财务问题？稻盛和夫曾经说过，因为我缺乏经营和会计的知识，所以想能够尽量使经营通俗易懂而不是复杂化。结果发现了只要实现销售额的最大化和经费开支的最小化，那么两者之间的利润就能够最大化。将其作为经营的原则，而且以此原则经营公司至今，京瓷和

KDDI之所以持续几十年保持高利润，日本航空之所以能够从破产状态迅速成为全球航空业盈利的冠军，都是按照销售额最大化，费用最小化这条异常简单的原则来运营整个企业的。

对于经营会计的重要性，我在《自主经营实学：经营会计》这本书中有专章谈到“不懂会计何谈经营”，如果把经营比喻为驾驶飞机，会计的数据就相当于驾驶仓仪表上的数字，机长相当于经营者，仪表必须时时刻刻变化着飞机的高度、速度、姿势、方向，并及时告诉机长。如果没有仪表就不知道飞机现在所处的位置，就无法驾驶飞机。对中国企业家而言，面对当前国内外竞争越来越激烈，变化越来越快的市场环境，这一点尤为重要。

我们不能把经营会计简单地看成是一种术，一种算账的工具。经营会计每个科目的背后都是有灵魂的，每个科目的背后都体现了使用者的权利和承担的责任，所以经营会计报表也是企业进行量化责权利划分的一个工具，是让企业核算的工具，同时也是进行量化赋权的工具。

5

量化赋权

——让听得见炮火的人做决策

在互联网时代，传统的管理无法支撑企业再往前走，必须激活个体，从而激活整个组织，对每个组织进行细分，对细分的小企业进行全面的赋权赋能。

赋权是今天的一个大趋势，实际上以海尔为代表的“人单合一”,华为的“铁三角”、打赢“班长的战争”，志高空调的“层层一把手，个个责任人”，它们的背后其实都潜藏着同样的几个基本特点：第一要放权，把员工培养成为老板；第二是把组织化小；第三必须把权力下放，让一线的员工具有经营的决策权；第四将管理做轻，不要太厚重的管理，导致效率低下；第五要重经营，最终实现企业的平台化。

赋权赋能不是简单的放权，而是在放权的背后有统一的价值观，统一的经营哲学思想，这样才能真正地实现组织激活。简单的没有原则的放权就是放任，就只是一种承包模式。

赋能的背后，其实是三种组织形态的进化、跨越：从传统的正三角组织形态，过渡到倒三角组织形态，再转变为无边界组织。

正三角组织是一种命令型的组织，这种命令型的组织背后是以老板为中心，而不是以顾客为中心，所以往往很多的决策都由老板来下指令，如产品能不能出货；产品有瑕疵，当成次品还是直接报废，抑或以二等品出售，都是由老板决定。

我们把这个阶段的组织称为本位型的组织，也称之为自主经营的V1.0的阶段。通过小组织经营机制只能打破一部分行政性指令的官僚体制，但仍无法打破资源的垄断。因为组织的指向是为老板服务，因此员工不敢越雷池半步，完全按照标准来执行，所以不具创造性。

倒三角组织也称为服务型组织。最高领导在下面，提供支持和资源，员工在最上面，基层的员工直接面对客户。这种以客户为中心的组织形态使一线员工直接面对市场终端需求，倒逼企业体系提供资源支持，让每个员工成为自主经营体。自主经营模式的背后实际是驱动每个人成为经营者，把员工变成老板，老板变为服务员，企业成为员工的平台，也可以成为行业的平台，还可以成为产业的平台，再上升到生态圈。

倒三角构架下，谁面向市场，就给谁更多的责权利，使其敢于对现场做决策，更及时有效地服务顾客，增强竞争力，也可以让员工在解决问题中得到成长。

无边界组织则彻底打破边界的垄断，实现资源的完全透明和开放，也就是海尔的“人单合一”模式了。这种组织中心不是简单的供需方关系，而是整个生态链上的每一个利益相关者都是你的客户，实现了“去中心化”。在这种架构下，要怀有利他之心，保障每个环节、每一个人都能够得到利益，这样系统才能够自主运转。

无边界组织中每个人都必须是老板，不局限于原来的标准，而是创造另外一种标准，甚至对每个行业可以进行重新定义，创造出一种新的商业模式。

那么，赋权细胞组织与承包经营到底有什么区别呢？

从理念的维度，承包经营主张自己轻松赚钱，是一种“各人自扫门前雪，莫管他人瓦上霜”的利己思想。而赋权经营主张在培养人才共同发展的同时，与他人达成利他与信赖关系。

从目的的维度，承包经营侧重赚钱与分钱，赋权经营则是侧重培养经营人才。

从目标的维度，承包经营看中短期利润，而赋权经营则是基于长远利润而考虑。今年可以亏，甚至要求你必须亏，因为只有某个部门亏了才能够保障整个公司其他部门赚钱。牺牲局部利益，成全整体利益。超市白菜可以便宜卖，只要实现引流。

从权力的维度，承包经营拥有人事、财务等绝对权利，赋权经营只有利润责任相对应的经营权，其他如人事权视情况下放。

从责任的维度，承包经营注重自己，和整体利益是博弈关系，赋权经营注重集体，希望达成共生共赢的状态。

从评价的维度，承包经营用的是规模、利润指标，短期利益，赋权经营则贯彻企业经营方针，注重战略实现的长期性。

在改革开放之初，承包经营解放了生产力，解决了中国人的温饱问题。而随着中国社会经济的深入发展，已不见农民赶黄牛深耕一亩三分地的景象，信息化耕种的成本远低于人工种植，承包经营已经不适应当下企业发展的实情。所以农村的土地现在开始流转，进行集约经营，才能进一步解放生产力，道理亦是如此。

现实中，我们会发现企业的大部分权力和责任是不对等的，有的人有权无责，有的人有责无权，那么，如何实现责任和权力的对等呢？经营会计报表是实现量化赋权的最佳工具。它是进行量化赋权的开始，也是量化赋权的结束；也就是说它是量化赋权的一个前提，也是落地实施最终的一个环节。

真正的放权必须是权力和责任的高度统一，企业往往只注重流程分权，也就是根据流程的各个环节给予每个岗位各个级别的权限，这样的结果只是给了员工权力而没有给出明确的责任，其本质不是真正的赋权，而是责任的转嫁。这就导致了很多时候老板都被职业经理人绑架，让老板拿着一支笔无法定案，因为费用已经花了，但无论业绩如何，都得报销。

量化赋权是依托经营计划，运用经营会计得以实现。它在事前给予了悲观的预测，周详的计划，针对特定的对象签订具体明确的绩效合同，之后才给予授权经营。在事中进行费用和绩效的管理，事后进行绩效的分析和费用使用效果的评价。它不仅根据月度评价费用使用的效果，更重要的是要看累计值的业绩效果，让整个经营管理的PDCA循环周期通过经营会计的损益的分析来达成。

那么，量化赋权赋到底是什么权呢？量化赋权是利润获取的权力，主要是变动费的计划权、使用权。比如说一个店铺，它就是一个天然的细胞利润组织，这个店铺租下来之后你给这个店长的权力就是变动费的使用权力。为什么不是固定费的使用权利呢？因为店铺的租金固定了，人员的工资要遵循公司整体的人力资源薪酬制度，这样才能保证组织的稳定和持续的经营。否则店长就把老员工随便开除，费用可能少了，但却动摇了公司的根基，所以说租金是不能改变的，薪酬、制度也不可任意改变。

公司把一座房子租下来之后，你就在这个平台上把业绩做好，你不能说我不要这个店铺了，我再找一个更好的。机器设备的折旧也一样，你不能说我要提高业绩，把这些旧设备都干掉，让公司投资新设备。小组织经营就是通过计划进行授权，只要在计划之内他就有权利使用，超过计划要说明要备案并特殊申请，使用的过程要监控，所以小组织经营给的是变动费的权利而不是固定费的权利。当然，小组织负责人对某些固定费也有能掌控的，则也可以被计划，那么，这一部分就必须授权，当事人才能真正做好经营，如店铺水电费，店长有权计划、控制。

实际上，在企业内部，既有流程赋权，也有量化赋权。是先有量化赋权呢，还是先有流程赋权？量化赋权的本质是什么，是责任还是权利？是先有责任再有权利，还是先有权利后有责任？

所谓的责任就是你要承担经营的结果，简单来说就要承担这个小组织的利润的结果。如果你不愿意承担这个利润的结果，也不愿意承担边界利润的责任，也不愿意分摊公司的固定费用和其他费用。那就是说你不愿意承担责任，那你什么权利都没有。

流程赋权是先有权利再给责任，本质不是真正的授权而是责任的转嫁。先任命你为销售部经理，再要求你做1000万的销售额。这种情况下，销售经理就会和老板形成一种博弈，说1000万我做不到，800万还有可能。这怎么办？所以我们说是先有量化赋权才有流程赋权，这样就实现了权利和责任的对等。

只有量化赋权，才能真正实现竞选和推选小组织的负责人，因为选择的过程必须是要以计划为前提条件，本就有相应承担的目标责任。这样做也避免了任命之后的讨价还价。

6

内部交易

——层层一把手，个个责任人

新形势下，面对客户的多样化需求和员工个性化需求，大多数企业都无法快速适应变化，导致销售额徘徊不前，内部成本却越来越高。就企业而言，组织对于外部环境的适应性变得越来越重要，须随着环境变化而快速变化。企业如何从官僚组织变成以客户为导向的服务型组织？因此，在企业内部，以市场为导向的小组织独立核算的细胞组织经营（微经营）模式就越来越重要。

当把大企业化为很多“小企业”来经营时，就需要引入内部交易。内部交易就是把外部市场机制引入到企业内部，在企业整体理念战略框架之下，使企业的上下流程、上下工序和存在服务关系的部门及岗位之间，从原来以行政手段（计划、调度、会议、行政命令等）推动彼此分工协作，变成买卖关系，有偿服务和契约关系，使其自动调节运行。企业里最简单的交易关系，就是采购的原材料卖给生产，生产车间生产出来的产品卖给营销，销售再卖给客户，将市场压力进行层层传递。

以市场为导向的独立核算制度不等于承包，承包是为了短期利益，是从利己的角度出发，目的是追求利润，是承包人与企业之间的博弈，而小组织自主经营的根本性目的是为了培养经营人才。它是在保持企业整体性一致的基础上，对原来集中管理的各业务部门实行赋权管理，将经营权利下放至各个部门的负责人，打破各个部门之间权责不清的状况，独立核算各小组织的贡献。在企业内部引进市场价格机制、竞争机制，通过内部交易让各部门之间直接面对市场，在市场压力下激发出巨大的创造力，同时促进企业间的协作和专业化分工，形成资源的最大化有效利用。

内部交易有什么好处和弊端?

好处之一：可以提高内部反应速度。实行内部交易以后，各个小组织的销售额就是以交付给内部客户为衡量标准，如果想把销售额做大，就会尽可能快速地将生产出来的半成品和服务提供到内部客户。如果各个小组织都能够这样思考的话，那么内部的物流速度、服务速度、信息沟通速度都会得到大大的提高。

好处之二：可以降低企业内部成本。实行了内部交易独立核算，各小组织能够自觉地把生产经营中发生的费用视为自己的费用，从而形成自我管理，实现“销售额最大化，费用最小化”，主动降低损耗，努力减少费用支出。生产成本也好，经营费用也好，都能不断地降低。

好处之三：可以优化企业人才的配置，使组织扁平化。实行内部交易以后，企业内的各种资源都可以通过价格引导而合理流动，各小组织按照生产需要和利润最大化的原则优化组织，人员的数量以人/月劳动生产力的指标自动调节。而且有了小组织自主经营以后，中间的一些计划统筹的职能显得没有必要，组织自然而然就扁平化了。在道成推行这一项目的过程中，有很多企业都从以前的四级五级变成了三级这样一种扁平化的组织。

好处之四：可以为企业大量地培养经营性人才。小组织经营中认为员工的经营能力是在算账中算出来的，是在实际的摸爬打滚中练出来的。在以前的组织结构中，员工是按照上级命令执行工作，很少有发挥的空间。而内部交易独立核算，要求员工成为内部的经营者，给予员工发挥自己聪明才智的机会，自我算账自主经营，经过实际工作的历练，人才就可以培养出来，企业的发展就有了人才的保障。

好处之五：用经营的思维可以把复杂的管理做简单。我们曾经咨询某手表电商企业，其销售部门需要IT部门开发理想APP。IT部门加班加点开发出APP后给到销售部，销售部门埋怨不好用，而又很少提出建设性意见。为什么呢？因为IT加班越多工资越高，其成本增高但销售额没增加。如此情况，开发APP的实际成本费用没人负责，只有老板埋单，而员工都皆大欢喜。

后来，我们让销售部门和IT部门的开发项目进行内部交易。依照对外招标价格进行结算，两个部门同时算账，始终坚持获得高利润这一原则去指导工作。如是，IT部门不需要加班完成项目开发，而是最高效去完成工作。而作为开发的成本，直接进入销售部门的费用里，所以销售部门就会很在乎，对软件的使用就会在意其缺陷，及时要求IT进行改进，用工具带来效率的提升。这样的内部交易，使员工的沟通会从原来“n”型模式变成“直线”型模式。

当然，除了以上一些好处以外，小组织自主经营的内部交易若没有处理好的话，也可能存在一些不利影响。那就是一旦组织细分了，就有可能分而不和，各个小组织各自为政，企业的统一性受到破坏，战略方针难以贯彻，造成分裂的局面。短期来看利润是上升了，但是失去了长期竞争力。

企业的内部交易到底如何搭建呢？内部交易的好处很多，弊端也很明显，很多企业都尝试着去开展，最后却都做成了承包。稻盛和夫这样做取得了巨大的成功，这是为什么呢？这就与稻盛和夫的哲学理念分不开了，所以构建内部交易的第一步就是要弄清楚内部交易的原理和本质到底是什么。

稻盛和夫经营哲学的起点是：做人何为正确。是追求全体员工物质与精神两方面的幸福，所以企业在推行阿米巴经营（自主经营V1.0）的时候，特别是做内部交易的时候，首先要把员工的成长放在第一位，是要以培养经营人才为目的，所以从这个角度讲，内部交易本质是一个虚拟市场，内部交易定价的目的也是从培养人才的角度去考虑。定价的目的是核算和改善，核心也是为了培养经营人才。只有公司把员工的成长放在第一位，员工才会具有正确的思维方式。

首先，少些自私自利，导向利他的经营，企业的内部交易才会具有良好的氛围。因为是虚拟的交易，小组织的经营利润不能跟其员工的激励直接挂钩，一旦直接挂钩便可能导向自私自利，不可能很好地推进小组织自主经营。

其次，各小组织自主经营在内部交易时要本着利他的思维去进行内部交易的定价。利他就是要将对方的利益放在第一位，首先考虑对方的利益再考虑自己的得失，利用自己成就别人。小组织之间无法进行单独经营，只有和其他小组织结合起来在更大的整体中去互相支持，共存共荣，才能实现真正的小组织自主经营。小组织自主经营的前提是小组织的任何决策都要与企业的经营理念、经营方针一致，从注重局部的条块思维转变为注重整体、能够看到他人利益的系统思维。

内部交易的原理和本质清楚以后，我们来看看内部交易的具体操作，也就是小组织自主经营的内部交易的第二步。企业进行了组织划分以后就会有很多的小组织产生，比如有生产、有采购、有营销。生产内部又有各个车间，营销也有大区小区。各个小组织之间是否存在交易关系，比如说研发与生产，研发与销售，生产与销售等等，大区与大区之间有没有交易关系。

内部交易的关系梳理清楚了以后，就进入了第三步，到底买的是什么东西呢，卖的又是什么东西呢？

所以，第三步就要明确交易的产品和服务。一般来讲，内部交易的产品和服务有两类，第一类是一种产品，常见的有产品生产的整个过程的上下工序，两个小组织之间的买卖关系，产品销售过程当中制造小组织与营销小组织的关系，这种交易通常有实物的转移、物流等。第二类是一种服务，通过提供服务以收取服务费作为销售额，比如说采购部门除了可以采用定价方式以外，还可以给服务定价；比如仓储等提供的一些服务，这类小组织的交易通常是不发生实物转移，提供的是服务。

各个小组织到底交易什么产品或服务，比如说采购和生产之间交易的是服务还是原材料，研发和生产之间交易的是经过小批量市场或者合格的产品设计？这些都需要明确。就是说，要明确各个小组织输出的产品和服务的标准，而且这些标准是可以衡量的，最好能够有一份交易的产品和服务说明书，把相关的内容做一个描述。

接下来是第四步：针对交易的产品和服务进行定价。定价有简单性和市场性两个原则。所谓的简单性就是操作起来不要太复杂，市场性就是要参照市场的价格，进行市场压力传递。整个定价方法也比较多，比如说有市场交易定价法、比例定价法、佣金定价法、成本附加值比例定价法等等。其实不管是什么样的定价方法，按照我们之前讲的内部交易的原理，它是以培养经营人才为目的的，是一种虚拟市场。只要相对合理就可以了。

什么叫比例定价法，它是按最终对外销售额的一个固定的比例，把销售售价分配给营销和生产，鼓励营销部卖出更高的价格，对营销和生产的内部销售额提升都有利，这种定价更适用订单式生产，比如说整个售价是100元，那生产可能会取80%，营销取20%。

什么叫佣金定价法？这种定价方式认为，价值是由生产部门创造的，营销部门没有定价权，在生产的主导下由公司统一确定对外销售价格，营销部门按照一个约定好的确定值获得对内的销售额，就是把营销看成是生产的一个代理商。这种定价更适用于库存式生产。比如说营销就是按卖产品的数量，你每卖一个就给你20块钱作为佣金，也就是销售部门的销售利润。

对于企业内部各个小组织之间的定价，它的方法不一定是统一的，所以同时采取多种定价方式，比如战斗性的研发与生产之间可以采取佣金定价法，每生产一个产品给研发一定金额的佣金。销售和生产之间可以用比例定价法，售价80%算生产的销售额等等。具体的定价方法要根据企业的实际情况而定。

总之，在定价的过程中，要以市场为导向，要站在SBU业务特征的角度整体思考，从采购、生产、营销、物流、售后等过程，要以达成企业的经营策略为目的，比如说以市场倒逼的方法，来提升企业的核心竞争力，要以这个为前提去开展定价工作才有意义。

最后，对于内部交易的构建，稻盛和夫在书里写了这样一句话：企业要从产品的导向转向市场导向。意思是说产品的价格不是由生产部门所决定，而是取决于产品价值是否能够得到客户的认同，所以产品价格是由市场决定的，如果按照成本—利润来决定产品价格的话，那么万一被拒绝了，一切都没有意义。

所以自主经营划分的生产部往往是制造性企业的核心部门，企业要及时向它们传递市场压力，要压缩成本，要挤出利润。很多企业认为，销售部门是最终产生利润的终点，其实不是这样，利润的产生对制造业来说很多取决于生产部门，销售部门只是连接客户和生产部门之间的桥梁。销售部门接触最前沿的市场信息，它有义务向生产部门传递市场信息，让生产部门做好生产成本的调整。否则，制造出来的产品没有市场，那么一切企业经营活动就变得没有意义了。

所以，内部交易中，销售要及时传递市场压力，生产部门接收到的市场信息后，要尽一切办法去压缩成本，实现“销售额最大化，成本最小化”，以产品价值被客户认可为目标，达到企业最高的盈利能力。

内部交易是一种经营的手段，它能让更多的员工参与经营，同时传递市场压力，让每个员工像老板一样去思考问题，做出经营决策。这样一来，“层层一把手，个个责任人”的局面就会形成，在成就员工的同时，解放老板。

7

评价改善

——暴露问题，促进员工成长

什么是评价？评价和考核的区别在哪里呢？评价就像小学生拿着成绩单回家交给父母，老师在上面写有评语。这个评语就是评价。做企业从发展的角度来讲，评价比考核更加重要，考核的事情是已经过去了的，是已经发生了的，该是怎么样就是怎么样了，而评价是依据过去的不足提出未来改善的建议，目的是促进员工成长。考核本身不能客观地评价员工的贡献，只是将员工成绩结果分成等级，目的是给予奖励分级，所以要考核加评价才是比较完整的，只有公平的评价，才会有公正的考核。

比如说某个自主经营的小组织的利润没有完成，但是我们看到了该小组织在新产品开发方面有很多进展，公司就要鼓励。如果是从发奖金的角度来说，考核是重要的，但考核不仅要看贡献度，还要看公平性和进步性。

这就是考核与评价的区别。评价是面向未来的，是要企业做学习型的组织，互帮互助。比如说业绩分析会就是小组织经营的负责人锻炼经营能力的一个道场。每个月各个小组长都可以上台发言，向其他的小组织、向公司的领导讲解我这个月做了多少利润？为何做了这么多的利润？应该做多少利润？我的差距在哪里？如果我没有达到目标我就应该分析，是因为我的销售额做少了，还是我的边界利益降低了，或是因为这个月的固定资产投资过多了，固定费用变大了，人员变多了。也许你的利润不能令人满意，可是你要能够分析出来这个月的利润没有做好的原因是什么？如果你不知道这个原因，你就没有办法找到自己的改善点，也就不会有改善的方向和目标。

曾经有的企业把它的经营会计报表发给我们看。说老师你看看，我们的报表做得对不对，我们的科目制定的是不是合理？我们看完了之后，发现它的科目没有问题，报表核算也没有问题，可是他们拿到这个报表拿着这个结果之后，自己不知道如何分析。做好了也不知道好在哪里，做差了也不知道差在哪里。所以我们说自主经营重在通过数据的分析来找到问题的原因，通过对这个原因进行分析制定出改善的方法，如果只做核算，只做报表而不做改善，企业不会发生任何变化。数据本身没有意义，只有人去使用它才会产生价值。

小组织自主经营是采用二元制组织和个人双维度考评，先对组织绩效评价，再做个人绩效评价。

组织绩效评价主要从三个方面进行。

首先，要考核小组织的进步性，这种进步性就是与自己比，也就是与它自己上个月相比，与它制定的计划值相比。

第二是考核贡献度，也就是与其他人或者其他小组织相比，看看这个组织和人家那个组织相比，边界利润率是高还是低？贡献是大还是小？

第三是考核公平性。所谓的公平性，就是考核投入和产出之比。比如说今年南方大区的经营利润是500万，北方大区经营的利润是300万，那大家觉得哪个大区对公司的贡献大呢？如果从绝对值上来说一定是南方大区500万多，绝对值贡献是南方大区大，这就是考核的贡献度。但是如果我再告诉你，南方大区去年的经营利润也是500万，而北方大区去年的经营利润是100万，那么，哪个大区对公司的贡献进步大呢？是北方大区，从100万升到300万。这就是考核它的进步性。

不同的区域市场的发育程度不一样，市场的需求容量也不一样，公司因此投入的资源也不一样。不能简单地看贡献度和进步性，还要看企业对小组织的投入产出比，这个就是公平性。

公平性可以按照人/月劳动生产力，固定费的生产力来比较。如果是店铺还可以按每平方米店铺的边界利润，或者净资产的投资回报等作为评价的标准进行分析。

在实际经营过程中，很多中小企业只注重考核，不做绩效评价，甚至只做做个人评价，不做组织的评价。走入了严重误区。只有正确的评价才会有公平的考核，也才有公正激励。

组织绩效评价其本质就是对费用的使用效果进行评价，每种固定费和变动费花费带来的效果，背后是组织经营能力的体现。

以此为基础，再来进行个人绩效评估才有意义。唯有如此，小组织的员工才会首先注重集体利益，再注重个人利益。

大河有水小河满，这才是利他的思维。在好的组织中，业绩优秀的员工肯定比差的组织中业绩优秀的员工占比多。业绩差的组织中，即使一个人的业绩优秀，其实也不是好事，这样的结果很可能是这个业绩优秀的员工自私自利而形成的，因为他不愿意传授好的经验给予其他员工。其他员工成长的速度缓慢，最后导致组织业绩差。

这种以组织绩效为基础进行的个人绩效评价，有诸多应用场景，可用来激发员工潜能和团队精神。如，SA优秀员工可以旅游奖励；工资晋升2级。SA、A级员工可以实行年终奖励系数为1.5、1.2；B级员工为1.0；C、D级员工分别为0.8、0.5；这样一来，所有的员工要拿到高奖励，就必须先把团队绩效做好。

以直接上级为中心的绝对评价
（S、A、B、C、D）

以组织评价结果为基础的个人评价相对等级分配比

个人相对等级分配比例	S	A	B	C	D
S	10%	12.5%	10%	7.5%	5%
A	25%	22.5%	20%	17.5%	15%
B	60%	60%	60%	60%	60%
C	自定	5%	10%	12.5%	15%
D	自定	自定	自定	15%	5%

①组织评价单位：以部门为单位（上级主管为代表）
②中心等级 B：正常性待遇
③此设计是为能够进行薪酬调整、晋级等评价结果应用
④相比化分配率可根据每年的经营环境等调整

8

二元激励

——共创共享，实现物质与精神双丰收

一家牛肉面的老板为了调动拉面师傅的积极性，刚开始是按销售量分成的，一碗面给他5毛的提成。经过一段时间，老板发现客人越来越多的原因是师傅在每碗里超量放的牛肉所致。一碗面4块钱，本来就靠个薄利多销，每碗多放几片牛肉，老板没法赚钱了。

后来换了种分配方式，给师傅每月发比较高的固定工资，老板心想这样师傅不至于多加牛肉了，因为客多客少和他的收入没关系。然而事与愿违，师傅在每碗里都少放许多牛肉，把客人都赶走了！牛肉的分量少，顾客就不满意，回头客就少，生意肯定就清淡。师傅才不管你赚不赚钱，他拿固定的工钱，巴不得你天天没客人才清闲呢！

结果一个很好的项目因为管理不善而黯然退出市场，尽管被管理者只有一个人。

下面是一个博士、一个研究生和一个MBA对这个问题的激辩：

A.首先，我们考虑将老板所用的两种方案进行折衷，即：底薪加提成的方法，提成根据每碗面的利润分配。这样既可以防止他少放牛肉，又能防止他疯狂地多放牛肉。

B. 后来又想到这一条是有条件的。问题是每碗的利润界定后怎么个分配法？一碗面能挣多少是瞒不过大师傅的，如果不能让双方的利益在某个点达到平衡，一切又会回复原样。而要达到所说的那种平衡涉及到一个复杂的相关函数问题，说不定还要用到博弈论。

C. 把面馆承包给大师傅，老板拿了提成后回家养花弄鸟去。当然，提出这个方案后大家都有过短暂的脸红，再否定！

仅仅一碗小小牛肉面的故事，就反映出了一个小企业管理中的种种问题。从这个案例中我们可以看出，机制解决不了所有的问题，再先进的管理机制也有不适用的时候。

企业要全面承认员工对组织的价值贡献及工作能力，及时对员工的努力与贡献给予特别关注、认可或物质与非物质激励，从而激励员工开发潜能，创造高绩效。

所以，自主经营薪酬设计、考评以及分配的背后，最终还是要有理念来驱动，以理念为基础，短期更注重荣誉，中长期激励更倾向于收益性，最终要实现员工的物质与精神的双丰收。

值得一提的是，机制的设置是为大部分人服务的，是重团队而轻个人。

要解决人才的晋升天花板及培养问题，就必须要设计出以奋斗者为本的人才晋升机制，其次是师徒制，最后是自主经营的分裂机制。

这些机制的执行，首先要让全员参与，因为只有参与才有认同感。其次从PDCA开始，全员参与做规划和业绩分析会议，弥补KPI绩效考核的不客观性。第三，要经常举办职务代理轮值制。第四，以经营管理部为首，负责推动改善课题项目的执行，配之以创新项目的改善管理机制，从经营的层面来打破部门墙。最后，员工晋升的机制与路径要打通，实现组织裂变。

在这个过程中，最终还是要通过经营哲学，从理念上对员工进行灌输，上下统一贯彻经营者意志。

从能力的维度，过去人才的晋升是按照人力资源规划的通道来的，而今天整个人力资源的管理制度，不能像蜗牛一样培养与晋升人才了，要不拘一格降人才。

市场化的典型特征是，企业收入分配与企业效益挂钩，员工个人分配与个人价值创造能力和价值创造水平挂钩。因此，确定企业薪酬水平的基本依据应当以“价值”为导向，以价值贡献作为基本的定薪依据。

对无显著贡献者，要职位下沉，打破传统的“平均主义”分配思想，体现价值贡献能力差异度和价值贡献水平差异度，以此来形成激发员工活力的驱动力量，这是“二元制”经营人力资源激励设计的核心。

因此，设计要点是，以薪酬策略为基本出发点，以分层分类为基础，以薪酬体制为基本依据，针对各类薪酬结构项目，参照市场化水平和企业自身经营状况（在市场同类行业企业中的定位）确定各类各级员工薪酬水平和薪酬分配规则。

打个比方，我们以年薪制80万给员工，如果最终员工无法做到，那就要往下减薪。另一种设计是50万的年薪，做得好的话就往上面加。一个是负面封顶薪酬机制，而另一种是正面设计不封顶薪酬机制。由此可见，以积极面来设计激励机制非常重要，因为正面更能激励员工。

总之，企业要解决的是员工愿不愿的问题，再解决“能不能”“会不会”的问题。要让员工愿意主动发现问题以及解决问题，公司一定要制定相应的激励制度，通过逐层管理，建立标准，落实辅导，系统评价，有效激励，最后调动员工来参与经营改善。

企业作为全体员工的利益共同体、命运共同体和事业共同体，靠的是企业人力资源激励系统来维系。企业在其产生与发展的过程中，如何回答和践行自身的使命追求，如何回答哪些因素创造了企业价值，如何评价企业各类人才的价值贡献以及如何回报这种价值，不仅是一个技术问题和方法问题，更是一个企业的道德境界和水准问题。

“上梁不正下梁歪”。能否公正公平合理地对待价值创造、价值评价和价值分配问题，是衡量企业家事业抱负、领导风格合理性的试金石。因为，在企业权力能够左右一时的组织氛围和价值导向，能够左右企业人力资源管理系统的合法性和可持续性。短命的企业，一定是企业文化背叛了道德的公理和其领导人的腐败无能，是企业人力资源管理系统变成违背道德公理和谋取私利的私人工具。

“钱聚人散，钱散人聚”。这是一句流传广泛的民间俗语，它告诉我们激励的重要性。人力资源的激励体系，如果违背了贯彻价值观、公正公平、贡献优先的基本原则，将注定失败。

一套适合的人力资源激励体系，将有效地激活组织的活力，形成独特的竞争优势。下面我们将分析传统竞争优势与二元激励体制的异同。

与传统人力资源体系截然不同，自主经营的经营性人力资源管理系统在小组织运作体系和赛马平台的基础上运行，强调的是组织与个体、整体与团队、共性与个性、标准与创新、基础性与创造性、任务与流程、岗位与角色、职务与职能、动态与静态、理念与算盘、哲学与数字、能力与绩效、过程与结果、长期与短期精神与物质及奖励与福利等兼顾的二元关系，处处体现出辩证统一的朴素哲学思想。在【理念+算盘】自主经营思想中，这种二元性的人力资源管理做法是，企业中具体岗位的工资首先跟资格能力匹配，员工职位升迁时，只是岗位的变动，并不会因此获得额外的薪酬提升，而员工的职务被撤销，其薪酬也不会受到任何影响。

这种做法有效消除了管理上的官爵制度的不利影响，而强调员工的岗位责任和成长机会，引导员工不要攀比收入，而要关心组织贡献与理念、业绩的双重进步，解决了传统人力资源管理中极为棘手的问题。

传统的人力资源管理以泰勒分工思想演变而来，是大工业时代的产物。其基本思想和运用的条件是：

①前提假设。XY的人性理论。泰勒认为人生来是懒惰的，作为劳动者，工业时代首先解决生存问题，这也无可厚非，一切以物质为重。

②基础条件。工业时代，同质化需求，标准化生产活动，所以组织是相对静态的，变动不大，因为当时物资短缺，是卖方市场。

③应用条件。以岗位和职位、能力系统为研究对象，作为人力资源研究的起点。招聘、培训、晋升、薪酬、激励等都是依据岗位而设定，与职位是强关联关系。

也因为如此，所以导致了企业官僚症。

而今天，面对不确定性的时代，企业经营的环境已经发生了巨大改变。企业面对的外部客户需求极度个性，而内部员工也个性鲜明，因此生产经营活动须要变得柔性，组织中的岗位也变得更具不确定性。内部员工更多需要的是个性的尊重、认同、精神的享受。因此传统人力资源管理思想体系已经不能适应经营的需要。【理念+算盘】自主经营的人力资源体系应运而生，其基本思想和运用的条件如下：

①前提假设。认为人是积极的，面对中国实际，劳动者素质越来越高，生存问题已经解决，现在80后的员工更多追求精神享受、认同与个性尊重。

②基础条件。信息时代，个性化需求，非标准和创新性生产经营活动，柔性供应链和个性营销，所以组织相对动态，具有极大不确定性，多能工的一专多能普遍存在，人与岗位匹配将被打破，转变为人与事的匹配。

③应用条件。不确定组织条件下，企业通过流程实施协作生产经营，其研究对象从静态的岗位变为能力族群和角色。能力与角色所承担的任务相匹配。

传统人力资源的弊端越来越明显，尤其是岗位与薪酬的直接对应的强关联关系，导致了如下现象。

——人只能上不能下。因为岗位与薪酬强关联，所以下来的人报酬就会降低；其次是没有面子，因为企业内部没有形成能上能下的价值观和文化。

——没有人愿意培养下属。因为现在人的素质高，知识获取便捷，往往员工成长的速度超过企业发展速度，所以上级不愿意培养人才，因为担心“培养徒弟就饿死师傅”。

——对人的考核重于评价。传统人力资源依然停留在从薪酬绩效上重视考核等角度去管人，而不是真正重视人力资源个性的开发。开发的本质是调动每一个人的积极性，实现主动参与经营活动，并且建立释放潜能的赛道而不仅仅是管理。

——大家都去挤“当官”的独木桥。要拿到高薪水，一定是要过独木桥，如此一来，没有多少人愿意在一条赛道上走到黑，都想当官。

——薪酬的天花板，不会有匠人精神。由于工资与岗位强关联，不能发挥个人的个性专长，获得其他非岗位本职工作的报酬，来源面狭窄，报酬对每个岗位几乎是封顶的，所以员工很难全身心投入本职岗位。

——利益结构稳定，绑架企业。由于利益结构相对稳定，展开竞选和推荐没有条件，中上层稳定，成为利益团体，平衡难破。谁都不愿意革自己的命，往往形成绑架老板及企业的局面。

传统以分工为主的人力资源管理体制，还有很多缺陷。如何破解这些缺陷，才能真正激励员工，释放潜能呢？（大量更详细的解读请参照《自主经营：经营性人力资源体系》一书）

二元制的激励体系，就是要打破人岗匹配，薪酬与岗位强关联的制度设计，由此才会规避传统人力资源重视考核，激励不足的弊端。

激励这个问题要考虑短期、中期和长期。从长期来说，激励还可以跟企业的股权激励相融合，但是很多企业老板相信股权的力量，觉得如果把我们的股份分给员工，人人都持有一定的股份，那员工就可以变得像老板一样了，员工就激活了，但员工是不是真的想要股份，这个股权能不能起到激励的作用，关键是公司有没有发展，有没有成长的趋势。

不赚钱的公司，公司员工对股份是没有兴趣的。如果公司每年没有成长，没有增量利润，股权的激励就是无效的，你给员工股权他也不一定要。

小组织自主经营的二元制激励系统是同二元考评系统相关联的。为何叫二元激励？它是分为很多相对的维度来组成的激励体系。组织与个体激励、整体与团队激励、基础性工作与创造性工作贡献激励、自发性和本位性工作激励、业绩与能力激励；理念贯彻与绩效结果激励、过程即时激励与事后的结果激励、长期与短期激励、精神与物质激励、综合奖励和单项奖励激励、社会福利和企业个性套餐激励、当期兑现和延时兑现激励、标准激励和特殊贡献激励、成熟项目激励和新项目激励等两面兼顾的激励方式。缺少相对的一面，一定是不完美的激励，任何单面激励都会导致员工过激而产生不利的经营行为。

在自主经营模式中，更加重视对每个人个性化的激励，而不是考核。考核只是把员工分层级，为奖励报酬结果服务的手段，而激励的目的则是让员工产生源动力。只有制造一个具有极度牵引力、既考虑现在又兼顾未来的发展的激励体系，才能真正让每个员工实现自驱动的经营之同时，不急功近利，不唯利是图。

【理念+算盘】自主经营体系，可以同步解决三大根本性问题：经营方向、赛马机制、员工动力，这是今天时代的企业必由之路。

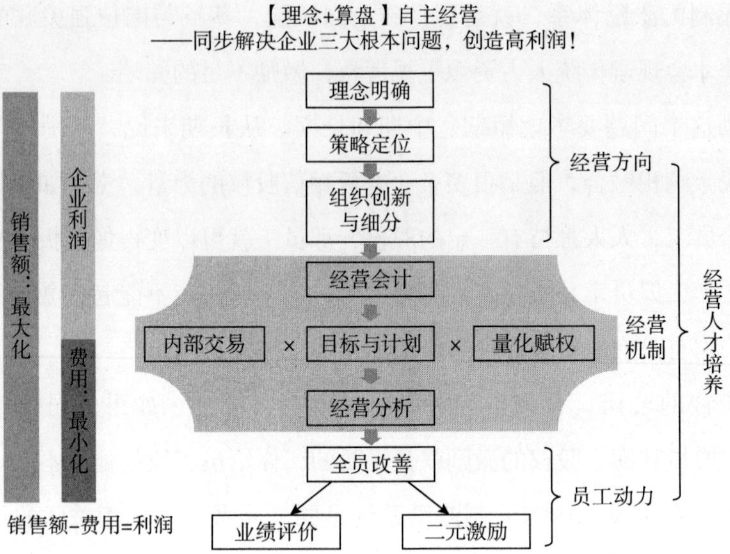
【理念+算盘】自主经营
——同步解决企业三大根本问题，创造高利润！
理念明确
策略定位
组织创新
与细分
经营方向
经营会计
内部交易
×
目标与计划
×
量化赋权
经营分析
经营
机制
全员改善
员工动力
业绩评价
二元激励
经营人才培养
销售额：最大化
企业利润
费用：最小化
销售额-费用=利润

第五章

【理念+算盘】的中国模式

后信息时代的各种新鲜概念层出不穷，新的经营模式应接不暇，让今天的经营者无所适从。然而这些优秀经营范式的背后都有其共同的特征——【理念+算盘】小组织自主经营，它已然成为中国企业转型升级的必由之路。

——田和喜

中国经济和中国企业过去经历了粗放式野蛮生长的30年，今后30年高品质创新发展成为企业生存的基石，这必定要经历一个痛苦转型的过程。

今天既是一个最坏的时代，又是一个最好的时代。转型之痛苦不仅仅来源于科技创新能力、资源、市场等方面存在的不足，更是由于很多企业不知道该去向何方，坚持什么，放弃什么，被大量新概念新名词弄得晕头转向。

当然，必须认识到，中国消费市场的体量与丰富性，层出不穷的业态和创新驱动，也为企业转型提供了诸多有利条件。虽然新概念新名词很多，但经营的本质从未改变。

企业面临的最大问题是把工作当成自己的事来做的人越来越少，而思维活跃的人具有极强独立性和个体化生存性，导致优秀人才难招，这已经是很多老板的集体焦虑。

在信息化时代，只有造平台的人和在平台上合作的人。有创新能力又拥有资源的人造平台，也因此从雇佣制走向合作。而其他的人就在某一个或几个平台上游走，最终适者生存。

后信息时代来临，工业时代人类的工作和协作模式面临挑战。金字塔式的雇佣和指令式组织将会崩溃，平行与合作才能走向未来。【理念+算盘】自主经营就是在价值观趋同的聚合下实现的利益共同体，员工与企业从雇佣走向合作的典型商业状态，企业变成员工展现的平台。所以今天要重新定义公司、重新定义生产力和生产关系。

过去业界不断向西方取经，中西方经营环境差异很大，搬来的东西“水土不服”。经过我们不断探索与实践，10年间产生了许多中国企业自己的优秀标杆。这些企业转型的成功，说明中国社会政治、经济、科技、文化的土壤，也能长出企业界的“参天大树”。

中国企业转型真正的问题不在硬件，而是缺少文化自信、理论自信、机制自信、道路自信。转型之根本在于企业经营者经营理念的快速升华——【理念+算盘】自主经营恰逢其时，成为企业成功转型的必由之路。

【理念+算盘】自主经营是老板带领全员一起修炼，不断升华理念的过程，这就意味着不可能一蹴而就。而在过去的10年间，我有幸能够得到大家的支持和信任，得以在8000家企业中不断实践【理念+算盘】自主经营思想，才使得这套体系更贴近经营的本质，不断顺利推进企业从正金字塔形态下的小组织经营到平台型组织形态小组织经营，再到无边界组织形态下的自主经营升级变革。

羔羊跪乳，乌鸦反哺。我们在实践中改良，积累了数千家标杆案例，反哺于众多中国企业。在此，我们为大家分享三个企业案例，更加清晰地展示【理念+算盘】自主经营推行的三个状态。

1

××精机自主经营V1.0

概述：创业五周年，以压铸业务起家的××精机遭遇了危机。销售萎靡，成本持续攀升。在××精机刘总看来，整个团队在推诿中逐渐消耗。“一有问题就是你的责任，他的责任，不会主动检讨是自己的责任。结果就是整个企业没有办法持续稳健经营。”

刘总感到迷茫，从创立之初的希望到失望，甚至绝望，他意识到企业迫切需要一剂良药，而【理念+算盘】自主经营模式恰中要害。

推行不到一年，××精机业绩明显提升。到2014年12月，经营利润由原来的不到2%提高到了10%，销售额在原有基础上增长了20%。到2015年，企业的边界利益率很快上升至35%，利润率为15%。现在，××精机正在以每年20%的业务规模稳健扩张。

××精机简介：××精机是某中国500强——属下企业。公司压铸业务起步于2003年5月，主要从事精密锌/铝合金压铸、机械加工、精密塑胶产品成型、精密模具等开发、生产制造和销售。

1. 十六次培训，千余人次参加

2013年底，刘总第一次接触道成【理念+算盘】自主经营。在此之后，两个月，五次飞行，为的是奔赴广州学习【理念+算盘】自主经营。原来这就是他一直在寻找的经营思想啊！

培训结束后，刘总将滚烫的想法带回了企业，马不停蹄地组织了各种外训、内训。不到两年时间，他相继在企业里展开了十六次大型培训，员工数千人次参与。培训内容包罗万象，包括六项精进、中国传统文化……

“当时，我们花了大量的精力，做意识的革新，明确公司的经营理念和原则。”

企业内部会定期召开意识宣贯培训。过去，每半年或者一年，各个公司都会举办晚宴晚会，常规是邀请外面的人来做节目。运用小组织后，这样的“大操大办”变成个人及团队表彰，比如领导干部下一线，总经理一对一谈心，结对子帮扶等等。

例如，春节晚会一改往年的“娱乐”，变成了一场员工颁奖晚会。现场颁发的奖项，包括技术创新奖、质量进步奖、管理单项奖、团队奖等多个奖项。刘总坦言，以这种方式对一年来优秀的团队和员工给予奖励与肯定，并对下一年的年度计划和预算进行发布，让大家了解公司的改变和未来发展方向，鼓舞团队的凝聚力和士气。

事实上，这背后代表了公司及管理层理念的变化。而最大的变化就是把成就员工的幸福生活放在第一位，把以前的回报股东和社会，放在了次要一些的位置。

在刘总看来，企业的终极目标就是要服务两类人，客户和员工。“一个是外部的人，一个是内部的人。因为顾客是决定企业生死的人，所以我们要服务客户。员工是掌握企业生死的人，所以我们一定要成就员工的幸福生活。”

经营人心以后，干部、员工心态也发生了很大变化。每个人都能充满正面思维及正能量。大家都知道每个人都是为了自己工作，不是为了老板，部门推诿现象已经非常少见。

“做了一两年小组织以后，遇到问题大家都会反思我哪里没有做好，明显感觉整个员工干部队伍发生了很大变化。如果每个人都把一件事当成自己的事情来做，没有什么事是做不好的。”××精机小组织推进项目负责人小刘说。

2. 组织革新，点燃创业激情

理念统一之后，接下来是调整公司组织结构，说起来容易，但在落实过程中，尤其是部门的裂变，其实非常艰辛痛苦。

刘总说，调整组织机构涉及很多部门的利益。因此推行【理念+算盘】自主经营是“一把手工程”，需要非常坚定的信念。

这场组织机构彻底裂变足足耗时6个月。“我们都是核心的九个高管开会，经过了不下十次的闭门会议，有时一直讨论到晚上11点，最终才达成共识。”据刘总回忆，部门到底要怎么分，人员如何调整，大家都是有一个共同的想法之后才罢休。

“有的员工一直做这个工作，做得顺心顺手。如果突然被调到另外一个部门，其实挺难的。”但是，刘总仍然坚持做了下来。

这也是【理念+算盘】自主经营的理念之一。把组织划成若干个独立的业务单元，并赋予对等的责权制，让他们像经营小公司、小商店一样，实现企业内部市场化。

这也是一种试错机制。通过“划小”，有计划有目的地消除组织冗余，形成一个个试错单元，营造和强化内部竞争的氛围，通过试错单元来找到新的路子。

在××精机内部，经过这样的组织裂变后，企业从过去的部门推诿、低效工作走了出来。按照新的自主经营组织，企业回到创业的原点——流程简单，工作高效，同时将采购和市场全部下放到具体的小组织机构。

通过半年的努力，从2014年7月份开始，××精机各个事业部真正实现了独立自主经营，“一把手”也真正得以减负。刘总说，“一把手”不用每天当裁判员，而是开始全身心地把关注度转移到市场、客户，为公司创造高利润上。

3. 核算革新，用数字说话

除了理念之外，另外一只手要紧紧地抓着核算。首先从经营会计报表切入。据刘总介绍，之前财务做出的报表，普遍信服力低，因为大家对成本数据偏高都颇有怀疑。然而，如果业务部门自己来做独立的经营会计报表，就不会存在这一问题。转变以后，与传统的财务会计报表相比，经营会计报表更精准，且有利于及时发现并解决问题。

企业内部一个事业部规模扩大利润上升，另外一个事业部没有变更，但由于前者的分摊利润上升与成本的下降，带动后者的利润也提高了。之前的报表看不出来这些，转化为经营会计报表后，上半部分是变动费，下半部分是固定费用。如果一个事业部大幅增长的同时，其他的事业部固定费用分摊便减少，利润也会提升。

报表转换，业务跟财务也能无缝对接。然而，这个转换过程也并非“一帆风顺”。

在刘总看来，问题出现并不能阻挡推进的脚步。例如，转化经营会计报表后，边界利润等目标被下放到各个事业部去。为了追求边界利润的提升，事业部会把直接员工转成间接员工，从而提高边界利润。“实施过程中，我们在每个环节都花了心思。”

为了提高核算效率，××精机开发了一款名为MES的软件，代替之前粗糙的SAP软件。如今，每日盈亏核算，每个事业部都可以随时查询。

怎么做到随时查询每日盈亏核算？刘总做了简单的解释，报工不再是简单地通过SAP直接报进去，而是通过MES。因为MES报工是以一台机台，每台机台的产量进行统计报工。人员则是每一个岗位，一个人一张报表统计产能。在这个过程中，快速收集数据。

在刘总看来，在这场核算革新中，拍脑袋的决定越来越少，心中有数成为常态。

从每个月底预算给目标，下个月的经营指标、目标等都会落实到各个小组织。根据订单评审，制定出下个月科目的占比、费用等。再利用反映每日盈亏的系统，从而确保每天跟进落实。

这样的转变，彻底打破了预算被丢进抽屉的局面。“以前做完预算都没有看过，过程没有管控和跟进，结果一定是不好。”

比如当询问分管领导这个月能赚多少钱时，他回答说能赚80万，实际可能亏10万。有时候又会很保守，觉得这个月能赚20万，实际赚了80万。“其实都是心里没有底。自从我们做了核算体系及每日盈亏核算后，每个事业部的经营利润跟财务的经营利润吻合度高达98%、99%”。

另外，“错杀”客户也被避免。之前企业并不了解哪些客户赚钱，有些时候会误杀，会把赚钱的客户给砍掉，反而留下了不赚钱的客户。刘总说，如今，这样的事情已经成为历史。是否要降低报价也能做到了如指掌。

4. 理念革新，培养经营人才

在一个大公司内，领导的岗位永远只有那么几个，员工能做到那个岗位的机会都很少。但在小组织模式中，员工可以有很多机会，去做一个小型组织的领导人。并在这个舞台上发挥聪明才智。

这也与刘总的观念不谋而合。在他看来，企业越做越大，最终比拼的还是系统经营体制。如何把个体放在组织中激活，让其自动自发工作，为企业贡献能量，共生共长，是这个时代的必然选择。

这也是刘总坚定选择【理念+算盘】自主经营作为主干和根基的原因。首先立足于解决员工“愿不愿”的根本问题，再加入精益生产解决术的问题。“企业的成长最终要回归到人才培养、循环改善，这是两个根本命题”。

小组织助推企业实现终极目标，这也是刘总想改变的。他希望，每个小组织里面的组长乃至组员，都能成为个体老板。“要以老板的精神，老板的意识开展工作。”

如何激励员工，考核也是很重要的一部分。在这方面，引入【理念+算盘】自主经营模式后，××精机也对考核模式进行了优化。

刘总说，以前的绩效考核只会考核一些关键的指标。导入【理念+算盘】自主经营以后，纳入了对经营指标的考核，分量占到整个指标的60%，包括销售额达成、税前利润达成、人/月劳动生产率等关键的指标。

对于市场部来讲，就是要考核市场部门的超期货款率，用这个指标去约束它，紧逼市场部门员工去跟进客户的应收账款。从采购部门来讲，就用采购的节约率去考核该部门。生产部门则考核报废损耗等等。在这样的情况下，经营指标就和企业的关键指标挂上了钩。

考核机制很难做到绝对公平，××精机的处理方式是留出10%的浮动指标。刘总解释，这个指标由各级主管对员工做出评价。考核数据也由统计部门负责，以防弄虚作假。考核体系也做了革新，××精机将四个点的利润作为激励员工的奖金。

刘总说，一方面，对绩效管理考核里面的指标进行评分；另一方面，对公司三大事业部上一年签署的年度经营计划的完成度进行考核。如果每一个月都达到了上述指标，就会得到四个点利润的奖金。达成指标以上还会有超出额

30%的激励，以最大程度激发员工的潜力。

小结：打造【理念+算盘】自主经营V2. 0时代

导入【理念+算盘】自主经营模式后，××精机内部管理层实现了由管理思维到经营思维的转变。

在刘总看来，管理人员掌握了更加系统的经营管理思路、工具、方法。通过核算形成了经营意识和参与意识，利用数据找出各种管理问题，比如在节约费用方面，效果最为明显，员工的工资也有了提高。

××精机的小组织之路不止于此，他们还在打造【理念+算盘】自主经营2.0时代。在刘总看来，大多数企业推行【理念+算盘】自主经营，只停留在独立核算上，也就是【理念+算盘】自主经营1.0。而想要固化既有成果，真正将【理念+算盘】自主经营为我所用，就必须要进化到【理念+算盘】自主经营2.0，也就是打造组织力和培养人才。进入2.0时代，××精机将着手培养更多人才。

刘总将它看做一道填空题。“形成人才的可复制性，实现企业的再次发展。我们在理念渗透方面缺乏系统化的运作体系，若没有经验丰富的老师系统指导，需要耗费大量的摸索成本。然而相比之下，时间代价和不确定性才是最大的成本。”

这恰恰是【理念+算盘】自主经营的核心理念之一，以人为本。在小组织模式中，培养小组织领导人，激发每个员工的创业热情，挖掘员工的企业家精神。

如何打造可复制性人才，这也是刘总与××精机一直在摸索的。刘总说，每年都会有新鲜血液加入进来，需要在一个频道交流工作。因此，每年都会举行全公司范围实践【理念+算盘】自主经营的培训。

分管负责人还需分批进行专业的【理念+算盘】自主经营培训。刘总介绍，挑选每个业务班里的学员，组成一个小的培训单元。根据经营发展需要，每一季度会花更多时间培养人才。同时，也会安排专门顾问对这个选拔的班级重新设定相应的培训，有针对性地提升。

在刘总看来，可复制的人才能够将【理念+算盘】自主经营模式有效地延续下去。

2

中集××自主经营V2.0

中集××简介：中集××是中集集团布局在安徽芜湖的专用车制造企业，公司总资产近10亿元，占地面积500亩，厂房9万余平方米，拥有国际先进的铝合金液罐车生产线、搅拌车生产线、粉罐车生产线、特种车生产线，以液罐车、搅拌车、粉罐车为三大系列战略产品，凭借智能化、数字化、标准化制造成为国内顶尖的专用车生产基地，打造世界级罐车品牌。

概述：八大品类、300多个品种，却出现了产品不盈利甚至亏损的情况。

2015年，中集××——中集集团布局在安徽芜湖的专用汽车基地，中国最大的罐装车基地，陷入了历史发展上的困难期。

创始人王总，开始通过【理念+算盘】小组织经营寻找解决方案。

两年的时间里，经过一系列调整和改革，中集××在2018年第一季度实现了业绩收入比上年同期增长63%，利税也增长了50%。

据中集××副总经理兼董事会秘书张总透露，以【理念+算盘】自主经营为主线，中集××相继梳理编写了公司的哲学手册，并重新调整了业务架构。如今，依托自身优秀的产品和服务，中集××重回国内罐类车辆第一的位置。

中集××是怎么做到的？

1. 创业维艰

创始人王总，曾是中国第一代汽车专业技术人员，是安徽省技术带头人代表之一，一个非常具有拼搏精神的人。当年三十多岁的他，就已经是某一国企的总经理。然而，因治企理念的不同，2002年9月，以王总为首的一群有理想、求自尊的志同道合人，出走家乡来到芜湖。他们在临时租来的工业泵厂破旧的院子里组建改装厂，在敲敲打打的小作坊里，××诞生了。

在这样的环境下，大单中的大头——来自北京的客户不得不违约，放弃提车。

在建厂初期，王总处处受到掣肘和封杀，使原本就布满艰辛的创业路难上加难。2002年底，××汽车接到一个50台轿运车的单子。对于当时刚起步的团队而言，这无疑是一个大单。即使缺乏资金，也要想方设法完成订单。王总凭借着个人说到做到的诚信以及拼搏的精神，赢得了大家的支持。

当时买材料的时候，业内人士曾拍着胸脯说，只要签了王总名字的三个字，他们就敢发货。凭着行业信誉的积累，王总赊借了一批材料。

就这样，在一个破旧的工业修理厂里，××团队以“活出尊严，拼死一搏”的精神，精心组织、夜以继日，经过一番艰辛奋战，硬是用双手提前20天完成了首批20辆订单的生产。第一台车下线时，在场的汉子们泪流满面……而这时，老天爷却泼了一盆凉水。2003年非典肆意，全国笼罩在瘟疫的恐怖阴影中，北京作为疫区，出行被严格限制。这位北京的客户不得不违约，放弃提车。

“每台车几十万，就连材料都是赊借来的，可以说整个工厂把所有的注全押在了这个单子上。”面对突如其来的变动，时隔15年，回想起当时的情景，张总仍不断感叹，“当时特别艰难。”然而，天无绝人之路，凭借着不甘认输的劲头，在团队的各方努力下，最终还是找到了买主。

就是这样一点一点积累，凭着技术实力和吃苦耐劳的精神，从2002年到2007年，王总用了5年的时间，就做到了专业行业前20名，而且还首创了国内第一款高低板车车型。

后来，××汽车的发展态势引起了中集集团的注意。众所周知，作为央企的中集集团第一大产业是集装箱，当时正在做道路运输车辆的布局。双方经接触后，××汽车并入中集集团。

2. 产品多了，不盈利

2014~2015年，是××汽车发展过程中遇到的一个困难期。当时，××汽车的业态基本发展成熟，产品繁多。半挂车、自卸车、粉罐车、搅拌车、液罐车、冷藏车等八大类就足足有300多个品种，然而很多产品却不盈利，甚至出现亏损。

“当时我们感觉每个产品都是自己的孩子，舍不得放弃，结果造成了所有的孩子都营养不良。”张总说道。

面对这样的境况，××高层也曾和上海、南京的一些咨询公司寻找方法和意见，如独立核算、看看哪些产品不盈利，然后相当于把产品“包田到户”，最后还是解决不了根本的问题。

2015年底2016年初，一次偶然的机会，××汽车管理层接触了小组织经营，并且整个管理团队参与了【理念+算盘】自主经营领袖班课程的学习。

在学习的过程中，××汽车对过去尤其是产品和理念这一块进行了细致的梳理，找到了为什么2015年产品丰富，业绩却下滑问题的两个根源。

第一，包产品到户容易陷入由于理念的不统一，造成各自为政、算小账、扯皮、部门墙问题产生。

第二，SBU多了，发展不聚焦，哪个是核心的SBU不清晰。知道问题的根源所在，找到解决问题的思路相对而言就容易了。

3. 统一思想，赢得客户

经过2016年整整一年慎重的思考和酝酿，××汽车管理层在2017年开始着手改进，主要做了两个动作：理念的统一和SBU梳理，聚焦发展战略。

2017年是××发展的第15周年，也是从创业到加入中集集团，再到转型创新三个阶段中第三阶段的最后一年。这是一个非常关键的节点。

在广州道成咨询机构的指导下，××发动全公司，征求了四五千条意见。所有的管理干部全部聚在一起研讨，最终整理出了××的哲学手册，明确了公司的经营理念、愿景、使命、司训、十二条经营原则。

最后，梳理出了中集××的经营理念：专注行业，引领标准，以心为本，价值导向，持续精益，共创美好生活！“专注行业，就把我们整个的事业领域明确了，把我们管理层人员的思路聚焦了。”

除了“聚焦”，中集××对许多方面也统一了理念。例如：在以往，供应商以最低价中标，价格决定一切。但是推行小组织，特别是梳理经营理念后，中集××意识到，打造合作共赢共生的生态圈非常重要，所以摒弃了“用价格来一刀切”的做法。

据悉，中集××的核心零部件都是进口的，产品相对高端，和国内的主要厂商相比排位前五名。所以在合作中，有的企业80%的产品都是对中集××供应，有的是独家供应。“我们就讲一个诚信。我们把供应商的付款，放在一起使用，然后共同研发，共同服务客户，这一块效果非常好。”

2018年可以说“产销两旺”，第一季度中集××的收入比上年同期增长了63%，利税也增长了50%。2018年，搅拌车特别火爆，可以说是拿着钱都买不到车。只要能做，就完全不愁卖。可是很多厂家做不了，为什么呢？因为缺乏马达及减速机等核心零部件。而这些零部件的主要生产商伊顿、曼普等国外企业有半数与中集××是战略合作关系。

“除了得益于国家支持实体企业的大政策外，在生产经营过程中，小组织自主经营的理念真正得以践行。我们用真心换得了合作伙伴的诚心和真心，大家形成命运共同体，一起来服务客户。”

统一了理念之后，当大家遇到问题、困惑，拿不定主意的时候，就可以从经营手册里面找答案。

4. SBU梳理：放弃发家产品，聚焦集团战略

相对整理哲学手册的顺利推行，SBU的梳理却让管理层十分纠结。从中集集团车辆的统一战略上看，虽然版图里含括了半挂车和自卸车，然而，这两种车型的重点生产基地分布在江苏、河南，而不在安徽芜湖，或者说不在××。

当时××在中集集团乃至行业内，占有绝对优势的产品是铝合金液罐车、粉罐车和搅拌车。尽管半挂车和自卸车都是××汽车的发家产品，但王总不得不忍痛割爱，以大局和集团战略为重。在经过深思熟虑之后，他相继砍掉了半挂车、自卸车等产品。

砍掉产品带来了什么问题呢？首先是班子问题。砍自卸车的时候，做了十几年的老师傅，要从自卸车切换到做铝合金。二者材质不一样，焊机不一样。会做自卸车，但不一定会做铝合金。为了让400人全部切换到做铝合金，王总让这些人统一戴上红袖套，意思是“从头开始，做学徒”。

其中，也不乏人员的流失。有的人本身在行业里就很有名气，但是要让他去当学徒，内心接受不了，最终选择了离开。

怎么办呢？管理层只有不停地摆事实、讲道理来争取员工的理解。首先，讲技术产品前景。“某些产品的季节性非常强，而且技术含量非常低，它

的未来大家都能预见。那段时间我们经常对大家讲，做这个产品是没有未来的，它不是我们的发展优势。如果说我们在这个没有未来的产品上努力，那努力是没有任何价值的。”

其次，讲集团战略目标。“公司的目标是要发展好，铝合金是一个阳光产业，而且公司一直在做。大家也看到了，我们现在在这个产品原来的基础上，又进行了自动化设备的投入，这种用现代化的理念做出的产品，前途是非常大的，希望大家能够理解。”

最后，强调个人和企业之间的荣辱与共。树立愿景后，××的目标是成为让社会尊重、员工信赖终身的企业。

这句话界定了××定位：一个有社会责任感，同时让志同道合员工终身信赖的企业。很多时候中国企业追求短期效益，一旦遇到市场波动，几乎第一反应就是“砍人”。但××却把员工看成资本，不会轻易裁人。在这种氛围下员工和企业荣辱与共的意识就非常强烈。正是得益于理念的梳理，过渡期间虽然有波折，但大多数员工还是顺利完成了这一转换。

“推行小组织经营，理念和算盘，两手都要抓，两手都要硬。如果单方面抓理念，不落地；单抓算盘，会陷入算小账、扯皮。只有这两个结合了，小组织才能推行下去。”张总说。

5. 相配套的人才机制

然而，企业的发展最终还是要归结为人。小组织经营的目的事实上也是为了培养经营性人才。但并不是说推行小组织经营之后，员工的能力就可以一步登天，还是需要不断去培养的。

××一方面推行小组织经营，另一方面在人才培养体系上下功夫。在××，人才不是按照等级分类，而是针对具体的岗位分类，进行人才培养。

一线的操作人员，就被称为“工匠人才”。针对这类人才，中集××通过与大专院校合作，开展××班，进行定制化管理和培养。该班1/3的课程由××派人和院校老师共同完成，教授经营的理念，大学生寒暑假到××临岗实习。××称之为“工学交替”，就是共同培养，应届毕业生一毕业就可直接上岗。

针对高端智能化的人才，除了在行业内通过多种渠道吸引外，一般情况下多由企业内部培养。具体方式有师傅带徒弟式的“言传身教”以及轮岗。张总原本是财务总监，先后经过分管销售、汽管、质量、技术等等岗位，然后才进入到高层管理。在轮岗的过程中，张总最大的感悟就是学无止境，需要不断地学习才能适应新的工作。

除此之外，××为年轻人充分提供舞台。据张总介绍，在××，很多80后都坐到了部门一把手的位子，公司管理层希望员工在这个平台上充分地展现自我，能上能下。

当然，人才培养还有最重要的一条，就是管理者要以身作则。2017年，××汽车放了历史性的工假，整个公司为员工发放改善资金，可以到任何地方旅游一个星期。而管理团队在王总的带领下，全部到杭州参加道成咨询小组织方案班的学习。白天上课，晚上研讨到12点多，他们就是在这样的状态下完成了四天三晚《自主经营原理与实践》课程学习。

“我们一个企业养活这么多人，我们不能因为自己的任性或者贪图享受影响公司的发展。就像公司理念所说，我们是要成为受社会尊重，要让员工信赖终生的企业，只有不停地往前走。”

张总说：“下一步我们有两个打算。一方面，我们将以小组织在我们的经营组织的上面形成倒三角，也就是围绕着组织、制度和人事这对两个事业部继续深化改革；另一方面，在小组织经营推行的基础上，治理架构清晰之后，围绕行业把现有的三个SBU做精，做SBU的探索，做到引领这个行业。”

3

××设计企业组织变革V3.0

××设计简介：××建筑装饰设计有限公司成立于20世纪90年代，是中国最具影响力的五大设计事务所之一，也是中国规模最大的纯建筑装饰设计公司之一。

专业从事轨道交通、商业地产、医疗健康、文教办公等大型公共建筑的室内设计、幕墙设计、园林景观设计、软装设计、导向标识设计等。致力于为客户提供方案设计、施工图绘制、装饰工程预算、机电二次深化设计、设计现场监理等综合服务。

概述：2015年4月，××设计企业引入【理念+算盘】自主经营进行变革。2017年，××设计改革进行了全面升级，员工意识全面革新，组织架构不断改善升级，真正从正三角转为倒三角并且部分组织推进到3.0。

这一年，企业战略方向进一步清晰，轨道交通、商业地产、医疗健康三大事业部并立格局形成。持续推进“以客户为中心”，客户分级制度启动，达成企业内外部资源合理匹配，提高运营效率。单项目成本模型建立，并进行了单项目全方位利润测算及多维度绩效考核。

下面我们就来看一下××设计是如何打造自主经营3.0的吧。

推行背景：

外因：

①宏观经济下行，行业萧条。2013年开始，政府性的楼堂馆所不得新建，传统优势业务板块收缩，传统型的市场急剧萎缩，而新生市场还没培育起来，导致企业发展动力不足。

②受沿海优势品牌入侵威胁。××总部在内地，现在业务遍布全国，但是受到了沿海如广州、深圳、上海等品牌进入武汉的压迫，市场竞争压力骤然增大。

③成本增加、人均产值偏低。人工设计费、材料费等成本上升，但员工工作不积极，人均产值偏低。

内因：

①企业理念，全员尚未达成一致。由于企业人数达500多人，且设计师素质水平较高，想法多，管理难。另外，当时的企业战略在老板的心里，员工想按照老板的想法做，理解并不能准确，理念没有达成全员共通。

②部门架构归属、权责划分不清晰。原有的经营模式为传统的正三角矩阵模式，项目承接、项目分配、薪酬制度等一系列的制度规章都是自上而下传递。对人的依赖非常高，特别是在战略层面的人才，企业发展和运作依赖性强，人治多于法治，信息无法共享，且部门架构归属、权责不清晰。

③企业高层的变革意识强。面对企业危机，企业高层意识到必须要加快专业化发展，加强对细分市场的精耕细作，形成核心竞争优势，调整自身经营战略，适应新市场环境的要求刻不容缓。

1. 构建哲学体系

2015年6月，向全员征集××哲学理念，在全员的统一理念下，确定公司未来发展的愿景：2025年成长为中国最值得信赖的建筑装饰设计品牌。

同时，并确定了十条经营理念：

第一，以客户为中心，是××生存之本。

第二，要有坚强的意志，决定做一件事，必须要不懈努力直至成功为止。

第感动，为保障企业长期稳健的经营，短期计划服从长期战略目标。

第四，销售额最大化，经费最小化，需建立在优质产品与服务的基础之上。

第五，在保障公司稳定发展前提下给员工高回报。

第六，好的待遇、职位向奋斗者倾斜。

第七，领导者的第一要务是通过实践不断地培养人才。所有的经营管理者在经营的过程中要培养内部甚至跨部门的人才，并接受公司一系列的培养。

第八，用心倾听一线和基层员工的声音。

第九，保持强烈的进取心和危机意识。

第十，快乐工作，快乐生活。

2. 赋能・培养人才

自主经营体系把组织架构扁平化，同时打破部门墙。在整体综合素质没有完全具备的情况下，让每一个模块负责人发挥自己的专长去负责某一具体的模块，企业将经营知识为其赋能，这样就像无数个小小的齿轮，彼此咬合，齐心协力，推动企业这个大机器能快速地运转起来。

在这个体系下，通过人才的不断培养，专业人才同时具备了经营管理的意识，成长为企业发展需要的复合型人才，实现了人才的不断升级和持续的输出。

3. 引入积分制

企业文化是无法用经营指标量化的，于是××设计引入积分制。通过考评积分的排名给予员工肯定、评优、升职，甚至记录下来固化为企业的Know-how。

积分制有几大类：第一是哲学积分，第二是研发积分，第三是品质积分，第四是培训积分。

哲学积分、品质积分、培训积分在前面已经为大家介绍过，此就不赘述。研发积分是××设计高管在参加完桂林漓泉访学后，直接进行改进，应用于设计方案创新、投标标准化创新甚至是所涉及的营销领域当中。

只要员工有好点子，可以直接上报进行部门级、公司级、国家级评选。如果被入选为国家级创新，将会获得所有奖金的1.8倍。这大大激活员工的积极性，也弥补了高层因精力有限而忽略的创新。

4. 铁三角模式——项目负责人制的战斗单元

满足客户的需求，前期就需要有员工去了解客户的需求，通过投标的方式，与客户达成合作关系，在××设计，此人称之为MK，也就是前期项目经理。

与客户达成合作后，需要有MD——专人负责人负责解决方案的提供，以满足客户对专业上的需求。

最后，在整个项目合作过程中，由于设计行业涉及到后端的施工材料，因此设置一个MG，即项目负责人负责整个铁三角的运作、整体规划、客户平台搭建，整体客户满意度、经营指标的达成、市场竞争的第一负责人。

一个技术负责人带着团队完成任务，如果按照传统的组织流程，这个负责人对市场需求、市场理念、进攻能力以及市场嗅觉是远远做不到灵敏反应的。

人无完人，一个人不可能是全才，除了总经理、CEO，员工就销售、设计、管理专业这三项才能，最多具备两方面的能力。因此从SBU的维度来看，由MK（市场开发）、MD（商品开发）、MG（经营管理）三人组成的铁三角模式，不仅弥补了个人某一方面的能力不足，也将小组织打造成了最有竞争力、最贴近客户需求的战斗单元。

这个模式有三个特点：

公开的竞争平台。经过培训考试具备项目负责人资格的员工，均可在公开投标平台上竞争项目。

无边界的组织结构。中标的项目负责人手握项目薪酬包，在不违反薪酬原则的情况下自由组建人员团队。

对经营结果负责。项目运行过程中，项目负责人对产品质量和利润负责。项目有亏损，项目负责人分担损失；项目有盈利，项目负责人分享利润。

小结：

虽然近年来行业遭遇“寒流”，但××设计始终保持了高于行业平均水平的增长。特别是自2015年进行【理念+算盘】自主经营改革以来，连续四年保持销售额同比增长近20%，2017年设计销售额签订近2亿元。与此同时，沉淀多年企业经营经验与智慧的《××基本法》编制完成，标志着××设计正式迈向现代化公司管理制度。

从2015年的自主经营变革，到2016年的战略梳理定位与业务转型，再到2017年从IT系统、人才培养、技术研发等方面的全面升级，【理念+算盘】自主经营改革正按照既定的目标和计划稳健推进，同时为2018年整个市场环境的复苏，做好了员工机制、经营体制、人才培养等全方位的准备。

自主经营3.0虽好，但是不能为了推行而推行，它需要满足四大条件：

首先，市场的规模允许事业部的存在。

第二，与事业部相关的各个层级的人才储备要充分，尤其是项目负责人。

第三，信息化支撑。

第四，员工的意识和素养能够与企业总体与局部目标达成协调。

4

永辉超市“超级物种”

1. 超级物种背后的发展逻辑

永辉“超级物种”发展战略的核心思想

①销售的本质永远关乎顾客和商品。

②竞争的本质永远关乎效率和成本。

永辉“超级物种”的发展起源

①消费者发生了巨变。

其一，主力消费群体发生了变化，泛80后成为主力消费人群。

其二，主力消费群体的消费能力与消费意愿超越了上一代，有力推动了消费升级。

其三，主力消费群体的消费习惯发生了变化，线上购物成为常态。

②市场经济发生了巨变。

其一，“平台经济”“共享经济”“微经济”三位一体，相辅相成，构成新经济的基本形态。

其二，宏观经济增速放缓，人力及租金成本持续攀升，实体零售业危机显现。

其三，在互联网环境下，零售业人、货、场的关系在重构。

其四，“跨境经济”重塑全球贸易格局，实现“普惠性”增长。

其五，“C2B”运作日趋主流，推动个性化定制、柔性化生产。

永辉【超级物种】的发展思路

①永辉【超级物种】的发展战略。

其一，把团队共享放在第一位。

其二，真正解决餐桌污染，强供应链、强产业链，实现从源头到餐桌一体化。

其三，不追求激进的规模，根据自身的能力匹配最佳的发展规模。

②永辉【超级物种】的发展策略。

其一，供应链延伸。把具有核心技术、核心竞争力的优质产品打造成核心品类，控制源头，垂直采购，进行品牌定制、品质定制。

其二，效率提高：流程优化、提高内部管理效率；品类优化：食品快消类做快，生鲜标准化到源头（即源头的品牌化和标准化）；员工效率提升：让员工变成合伙人，自主提高效率。

其三，服务转型：重构商品的品质、商品的产地、商品的流通方式，体验消费与到家服务并行发展。

超级物种的发展阶段及目标

①永辉“超级物种”发展的三个阶段：孵化阶段：以单一品类为单位配备专攻合伙人团队，进行初期物种孵化与培育。融合阶段：融入更多线上元素，实现线上业绩释放。发展阶段：线上线下互通，最终完成新零售全渠道布局。

②永辉【超级物种】的发展目标：以一二线城市CBD选址为主，到2017年

年底全国门店数量计划达到50家。

2. 物种背后的孵化逻辑

永辉【超级物种】孵化的核心思想

①专攻一个品类。

②解决一个场景。

③对标最好的样板。例如：鲑鱼工坊专攻日式三文鱼；麦子工坊强调台湾烘焙体验；盒牛工坊采用美式手法烹饪澳洲牛排；波龙工坊以港式手艺专攻波士顿龙虾和帝王蟹等。

永辉【超级物种】的孵化逻辑

对内：

①必须以永辉自身全球供应链优势为基础。

②不断掌控、整合供应链。门店可以是租来的，但供应链必须是自己的。

③采用独立团队自负盈亏，不同工坊主打单一品类。

④发力自有品牌，对标行业标杆。

⑤将产品开发做到极致，一方面是品质做到极致，另一方面是成本做到极致。

⑥具备“乐高”基因，具有不断迭代、自由组合的特征。

对外：

必须全面与盒马鲜生、盒马集市、盒马便利店以及盒马餐饮形成的盒马矩阵进行逐一对标或超越。

永辉正在构造一个从生产制造到零售终端，从民生保障到中产消费，从商品零售到整合金融、物流、商贸服务多项周边业务的生态圈。永辉内部将其称之为“大生鲜食品全产业链共享经济生态圈”。

5

结　语

从上述案例可知，在这个不确定性的时代，企业要不断自我革新、逐步升级。放眼未来，中国企业需要不断面向全球进行供应链整合，不断培育自身的经营优势。

经营是一条布满荆棘的不归路，唯愿我辈仍旧面向太阳，心怀梦想，上下求索，探索出中国企业自己的自主经营模式。

第六章

【理念+算盘】自主经营导入全案

经营取决于一把手坚强的意志。如果心中有梦，就不怕路有多么遥远，只要坚持，总有到达的一天。

——田和喜

本章是笔者2015年指导构建【理念+算盘】自主经营的知识性服务业企业案例，服务对象是中国中小民营企业的一个典型代表。我将从推行的背景、实施过程、推行的成果三个方面进行阐述，供大家参考。

××装饰设计企业的自主经营体系构建

××装饰设计有限公司（简称“××设计”），是中国最具影响力的五大设计事务所之一，中国规模最大的纯建筑装饰设计公司之一。专业从事轨道交通、商业地产、医疗健康、酒店办公等大型公建室内、幕墙、园林景观、导向标识、软装设计等。为客户提供方案设计、施工图绘制、装饰工程预算、机电二次深化设计、现场监理等综合服务。

自1990年代成立至今，已在国内二十多省、市、自治区完成了5000余个项目设计，作品斩获全国建筑工程装饰奖、亚太杯金银奖等近百项国际级及国家省部级奖项，已发展成为近600人，有全国市场竞争力的中型设计院。以【理念+算盘】小组织经营模式为基础，××设计打造了装饰设计企业自主经营3.0模式，融合东西方管理模式精髓，在知识密集型企业激发内部员工活力，进行了积极有效的实践，收获了良好经济与社会效益。

1. 自主经营体系构建背景

2014年开始，政府性的楼堂馆所一律不得新建。这使“××设计”传统优势业务板块收缩，与此同时，企业内外部压力进一步凸显，因此以2015年为节点，××设计全面展开了以激发内部活力为导向的自主经营体系构建。

（1）企业应对外部环境变化的需要

2015年，全国建筑及其装饰工程项目招投标率同比下降30%～40%，工程量同比减少30%～50%。2.3%的全国建筑业、6.8%的全国装饰行业增速创近25年最低，建筑装饰行业上市公司首次出现多家负增长；2015年，全国建筑装饰行业企业总数约为13.5万家左右，比2014年减少了约0.5万家，下降幅度约为3.67%。行业内以大型新建公共建筑装修装饰工程为目标的企业，业务量一般降幅都在20%以上，如高档写字楼、宾馆饭店等。同时，在建筑及建筑装饰业整体产能过剩的社会背景下，建设单位特别是开发商恶意压低造价、拖欠款项等行为更为普遍，行业冬天从2015年开始便已经到来。

（2）企业提高竞争力的需要

2015年前，公司以楼堂馆所为业务主力，受外地竞争压力小，议价能力强、方案修改量小、回款稳定，利润有所保障。然而随着国家政策出现重大变化，设计市场的大趋势已经从不充分的市场竞争逐渐进入了激烈的完全市场竞争，企业被迫面对传统市场萎缩、新生市场发展不足、中标门槛越来越高、完全市场竞争的状态，意味着要从大同小异的楼堂馆所快速转向轨交、医疗、商业地产等多元化产品线，要以较低价格根据不同产品特征提供更加个性化、快速反应的服务，同时要面对大量的反复修改，直接导致工作量增加，人工成本上升，再加上漫长的回款周期，企业生存环境异常严峻。同时，因为整体行业低迷，一线城市市场饱和，沿海知名的同类竞争品牌比如金螳螂、杰恩设计等纷纷进入华中抢占市场，竞争日益白热化。宏观经济和市场环境均出现重大变化，企业腹背受敌，变革势在必行。

（3）激发内部员工活力的应对需要

××设计作为纯装饰设计企业，其产品是定制化的设计方案与咨询服务，全部依靠设计师及团队的活力与创造力，知识工作者具有高度的流动性，企业只能要求员工提供考核绩效，而不能硬性要求员工忠诚。知识密集型公司要生存必须拥有“领导改变的能力”和创新的能力，在于能有效利用资源，提高生产力、创造价值，而员工是最重要的产出资源。知识型企业经营的好坏，取决于如何吸引、维持和激励知识型员工。

2015年前，企业内部未实现理念与战略规划的全员共通，员工难以与企业形成统一的理念。部门之间各自为政，架构归属不明确，责权划分不清晰，符合市场特点以及员工需求的业绩评价和激励体系尚未完全建立，内部活力激发不够。××设计原来计划经济时代权力向上集中的组织架构已无法适应竞争，而人力设计成本增加、人均产值下降、利润空间降低等问题，对企业持续发展能力提出了更高的挑战，必须进行组织重构及体系完善。

面对困局，我们意识到企业要实现逆境生存及持续发展，就必须直面外部竞争，调整自身经营战略，适应新市场环境要求，因此从2015年开始启动企业自主经营变革，推动转型升级。

2. 自主经营体系内涵及主要做法

××设计构建的以激发内部活力为导向的自主经营体系是将企业组织细分，并通过从心出发的哲学体系构建与哲学共有，达成理念统一；通过经营会计报表体系的建立达成算盘活用。“理念+算盘”共同构建了××特色的自主经营体系，它解决了传统组织架构带来的职权过于集中，组织效率低下，部门墙阻碍创新和抑制员工积极性等问题，并以“客户为中心”为基础，根据外部市场变化，及时调整战略定位，重组企业组织架构，满足员工自我实现需求，将全员变成主动思考、创新的"经营者"，而不仅仅是提供给员工丰厚的待遇。通过责任明确、经营透明，以高效管理加专业研发锻造核心竞争力，从而达成"全体员工物质和精神幸福"的最终目标。

作为知识密集型企业，通过"以人为本"的激发内部活力为导向的自主经营体系构建，××设计开创了中国建筑装饰设计行业企业管理变革先河，并取得了突出成绩。主要做法如下。

（1）明确以内部活力激发为导向的改革目标和工作思路

①设定"自主经营体系构建"改革时间表。

第一阶段战略规划周期（2015～2017年）：以企业转型升级为目标：传递市场压力，推进改革，主要通过【理念+算盘】模式构建，公司转型达成业绩逆势上扬。2015年7月启动自主经营管理模式，全力打造自主经营实学落地，重塑××企业哲学体系；建立符合建筑装饰设计行业特色的企业内部交易核算管理体系；通过PDCA经营分析报告会、××幸福工作室、人心工程、赛马平台、业绩评价激励等管理工具，培养激励具有企业特色的经营管理意识人才，完成企业转型升级，实现经济效益、社会效益大幅提升。

第二阶段战略规划周期（2018～2020年）：以向平台型企业进化为目标，激发活力，提升创造力。在第一阶段成果基础上，进一步优化升级，实现制度化管理优化提高利润。一阶段目标已达成，二阶段改革按期正顺利推进当中。

②确定理念基础，建立规范的运作系统。

落实自主经营体系的基础——【理念+算盘】，明确领导改革的目的和思路。首先，建立了××设计经营哲学体系，明确了企业经营理念，推行经营会计报表核算。其次，2017年"××大法"定稿并通过IT系统，将改革成果固化下来，确定了以"法治"来保障改革的目的与思路不偏离。

【理念+算盘】自主经营体系解决了企业所面临的基本矛盾与问题，以及处理内外矛盾关系的游戏规则——核心价值体系问题。首先是明确××设计要成为一个员工共享物质和精神幸福的百年企业；其次是围绕效率建立科学有效的内部规则体系，避免因快速扩张导致管理失控；第三，通过确立文化理念与人力资源政策，使知识型员工对企业有文化认同、有成就感。体系包含了企业处理内外矛盾关系的基本法则、明确的使命和企业核心价值观、基本经营政策与管理规则，即为企业管理的“道”，并由此构建了××设计企业自主经营18个体系：

组织创新细分及运营管理体系；

经营会计体系；

预算及分包体系；

统计监察体系；

业绩管理及分析体系；

组织业绩分析体系；

内部交易与独立核算体系；

评价考核体系；

评价活用体系；

计划管理体系；

量化赋权体系；

研发平台管理体系；

信息管理体系；

小组织自主经营会议体系；

小组织信息公报体系；

人才培养体系；

档案管理体系；

创新项目管理体系。

“××企业大法”的定稿是××企业迈向真正现代公司管理制度的里程碑，是团队智慧形成的改革成果浓缩。它包含了以上18个系统的运作规则，覆盖了生产、营销、技术、经营管理四大管理模块的各个层级，极大提高了管理效率，并保证各个部门、岗位的职责与权限都有清晰定位，一切都按规范操作，全面提高公司管理水平和运作效率。

（2）坚守经营理念，明确市场化、品牌化发展定位

首先，围绕着企业使命，结合行业和企业现实情况分析，××设计首先明确了重点发展业务以及前景、潜力业务的培育、多渠道开发措施等重要问题，并由此对业务结构做出迅速调整。从原有的楼堂馆所迅速转向高度市场化竞争的商业地产、轨道交通、医疗健康、酒店办公等板块，以开发及维护一线地产开发商、与境内外顶级建筑设计公司建立战略合作两条线并行展开，将每年的整体经营目标下达到各大事业板块及所属经营体以制定各自年度经营计划，并及时调整组织架构及人财物配置，快速适应市场变化。清晰的市场化定位引领企业尊重市场法则，不断创新提升设计能力与服务水平，不断打造出精品工程。

其次，明确了企业品牌定位，企业愿景是“2025年成长为中国最值得信赖的建筑装饰设计品牌”，由此，明确了要成长为全国性品牌，明确了不以明星设计师为主的个人品牌形象拉动，而是定位为纯建筑装饰设计的产业型设计公司，从大、专、全向高、精、尖转型，以全面、周密、社会化的组织品牌形象，以全体员工凝聚起来的专业加可信的核心竞争力展现在世人面前，最终获得实现百年企业愿景的强大动力。

（3）推动组织管理体制变革，搭建自主经营组织架构

①从集权到分权，量化赋权体系，体现自主经营特色。

自主经营体系要求任何决策都要与经营理念、经营方针一致、实现权利与责任的高度统一。它是依托、运用经营会计报表实现的“量化赋权”，在于削减不必要的成本、资源暴露清晰，形成肌肉可伸缩型结构。量化分权模式通过拟定计划，让权利拥有者了解在计划执行过程中应赋予下属何种权利，并通过过程监控，监督权利使用的情况，从而保障了授权的充分和权利运用的规范性。××设计通过量化分权制度建立与《赋权手册》的制定，实现了权责分明、有章可循，践行有责才有权、权力可收亦可放的原则，规定了《赋权手册》须在遵循经营原点、“××10条”经营原则及公司规章制度的前提下执行。

在量化赋权体系下将整体战略分解成若干当年需完成的目标，下达到各部门，同时将本该公司持有的经营权制度性地授予各部门负责人，使其拥有完整的决策权、实施权、人事任免权、工资发放权，实现权力责任同时下发。而部门负责人又将其拥有的权利进一步授予给相关人员，使其各司其职，从而使负责人将更多精力专注于部门目标达成。组织授权，可以先下放决策权，然后进行精准的投产比核定，根据产出反推出可以投入的资源包（包括成本、费用）大小，只要能确认投入资源包与产出之间的关系，就可以把这种投产比的核定精确到每一个重点项目，解决了放权之后失控的问题。这一系列量化好的分权模式，让各经营体在年度经营计划获批前提下获得充分的权利，而公司只需通过PDCA经营会计报表分析会，从任务达成和各相关数据上进行监督管理即可，真正实现了“让听得见炮声的人做决策”。

量化赋权实现了责、权、利动态对等，以流程分权为基础，优化公司流程和制度，给予员工更大的过程决策空间。手中有了权力，利益与经营结果挂

钩，才能真正实现“自驱动”，彻底化解分权中的风险，促进费用使用效率最大化，释放员工潜能，培养经营管理人才。

②从正三角到倒三角，组织架构变革体现自主经营特征。

在传统劳动力企业中，员工为体制服务；而在知识密集型组织中，体制必须为员工服务。从激发员工活力目标出发，自主经营体系对整体组织结构进行优化和再造，包括整体组织形态选择、层级优化、部门拆分并组合、职位与编制优化等。成立小组织经营体一方面是为了划分小组织展开独立核算，看清楚企业真实经营状况；另一方面是培养经营性人才，把权责利清晰化。在××设计，一个小组织经营体的存续必须遵循三个原则。第一，贯彻经营者的意志，符合整体战略发展的原则和方向；第二，要针对市场潜力需求达成800万以上签订量的业务规模；第三，要有能承担“经营长”职责的经营管理人才。

倒三角的组织架构中所有的经营都是直接面向市场的，从以客户为前沿对应满足客户需求的自主经营主体，再到为一线经营主体提供资源支持的矩阵团队，最后再到提供资源、发现机会的管理者。它解决了传统的正三角金字塔组织决策效率低下、权责不清、部门墙高耸、无法传递市场压力、难以培养经营人才等痛点。小组织经营体的生、分、弃、合实现了统一战略主题下，不同经营单位自主经营，自负盈亏的模式，能够最大限度地激活小单元组织体的生命力。每个自主经营单元有明确的收入来源，能完成独立业务，贯彻公司整体目标和方针，数据上移、权力下移、责任下移、独立核算，最终形成以项目和人为主的平台型组织架构，打造了高效率、高执行、高凝聚力的团队。

以2017年6月公司成立的施工图全程服务平台为例，在施工图平台成立前后，人员劳动生产率出现了6倍提升的惊人对比。小组织作为自主经营体，在激活小微组织活力上效果显著，由于有具有自主经营意识的“体长”做整体管控，该经营体在提升产值的同时从一线开始进行有效成本管控，其利润率也从-2%直线上升至35%。

组织结构图3.0

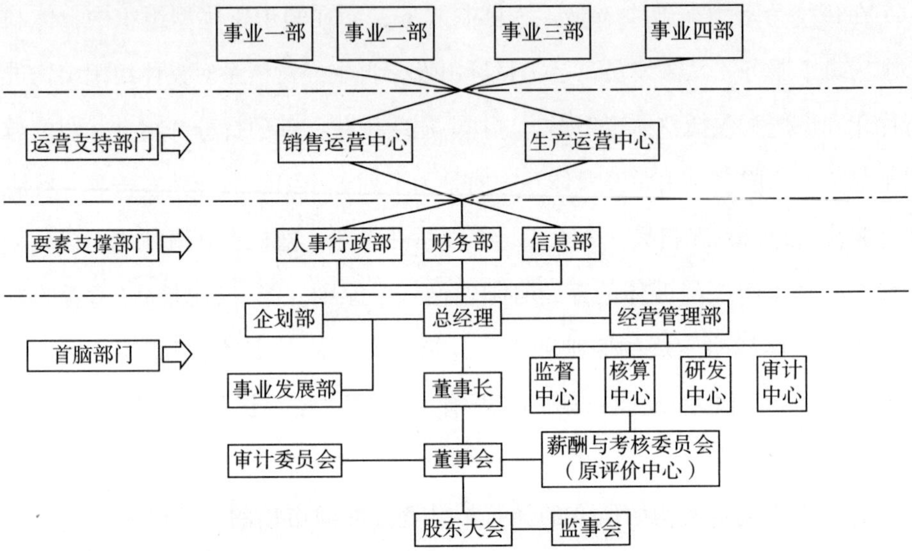

××设计【理念+算盘】自主经营体系组织架构

（4）加快转换经营机制，完善活力激发环境

①经营会计报表，让团队到个人都有经营意识。

作为【理念+算盘】的两大支柱基础之一，××设计在2015年改革初期就首先构建了经营会计报表体系，它运用的是第一手数据，根据行业特色进行了企业个性化定制，是财务数据与业务数据相互结合的报表，分为五部分：收入、变动费用、固定费用、投入资源（人员、设备等）、利润，具有简单易懂，直达经营目的的特点，向经营者百分之百反映经营的实际状态，为正确、及时决策提供可靠保障。

经营会计报表的推动与普及让每个团队及其员工都看能懂财务报表、时时关心经营数据，并理解管理可以出效益。使用经营会计报表前，设计师们总是羡慕办公面积大的核算单元，即使并非必需。2015年推行改革后交通所因为业务增加扩编了人员，公司为该所单独租赁了办公场所，该所所长学习了经营会计报表后明白新增租赁费划拨将全由自己承担，租了几个月后主动要求搬回原办公场所以节省成本。

同时，如要让每个员工都关心经营就必须要展示人/月劳动生产率，该指标是收入减直接的变动费用后的人均月边界利润，由于变动费用不含员工工资，工资包含在边界利润中，这就意味着在某个核算单元的这一指标晒出后，该核算单元的每一成员都可以用自己拿到手的工资与这一指标比对。同理，当所有核算单元的这一指标晒出后，会有排名，排名靠前的核算单元和员工会产生自豪感，也就让员工更有动力主动关注经营成果。目前运行的经营会计报表已经做到了组织业绩分析与业绩评判工作分摊到每个基层单位，通过每个季度各个自主经营的小组织、“所”的PDCA业绩经营分析会来传递经营会计报表中的数据，切实做到把经营会计和公司经营状况紧密结合起来。

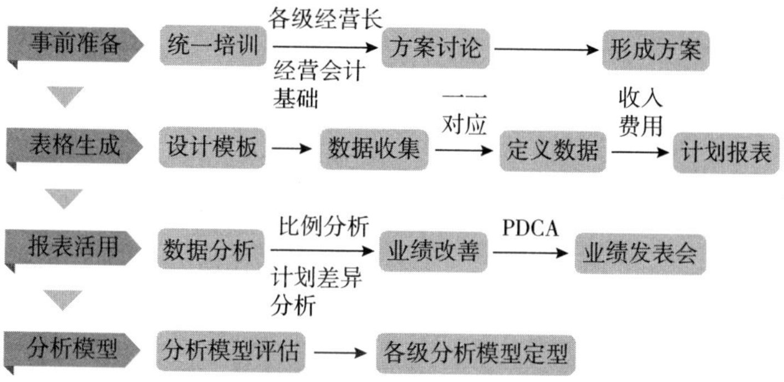

《经营会计报表》制作方法与活用步骤示意图

经营会计报表的PDCA业绩改善逻辑是从经营报表上找出表面问题→分析问题产生的原因→制定改善对策→按对策实施→检查效果→巩固措施和防止问题再发生。它意味着一个螺旋式的循环改善过程。在会议中每个经营体“体长”会根据报表数据对季度经营状况进行分析与总结，高层可以将经营理念和方法传递给中层管理人员，中层管理人员又把方案、未来计划传达给员工，让企业管理进一步透明化，集培训、述职报告会和交流会功能于一身，充分提高全员经营意识、激发参与热情。××设计建立的符合建筑装饰设计企业特点的“经营会计报表体系”，开创先河，引领行业。

②内部交易完善，局部与整体打造竞争合作健康机制

自主经营体系将企业组织划分成一个个小的经营体，进行独立核算，其本质是通过虚拟的市场来锻炼企业内部各个经营体、设计所的经营能力，进一步强化全员经营意识，同时传递市场压力。

内部交易是在明确生产运营中心内部各经营体、设计所之前交易过程，确保高效快速地进行生产内部项目承接及设计任务的开展，各交易数据的建立、统计分析与完善。其交易原则为：打破部门墙，各经营体之间开展内部交易，包括执行量和工资的交易确认，有效人数不进行划拨。

收入分配：首先，分析几年的历史数据后，公司对外部合同金额采用生产运营中心71%、商务中心29%分割；该比例为根据生产和商务部门各自发生历史成本测算得出，会根据实际情况变动，一年一定。其次，内部交易中生产各工种之间的收入分配，如果合同有约定，遵从约定。如无约定，有两种方式可以采用，一由经营体“体长”相互间模拟外部市场自由交易，二由该工种的小时工时价值（不能高于市场价值）乘以公允工作时长确定人工费用，再乘以4～5倍的系数还原成包含期间费用的完全价值。内部价格根据人工费用及工艺改进情况一年一定，允许交易经营体之间谈判，根据指导价格上下浮动。以上收入都是含税金额，在经营报表里设置了税金项目，让其作为费用列支。

③构建赛马平台，适应市场高效运转及员工自主经营意愿。

自2016年启动赛马平台，其活用真正做到了激发活力，带动良性竞争。首先，由商务中心在赛马平台公开内部招标，注明项目类型、题材、体量、金

额、成果提交时间等关键信息，项目负责人根据自身产能情况选择是否应标。多人应标的情况下由商务负责人和生产运营总监根据项目负责人过往项目执行情况，从能力、态度、结果多方面综合评分选出一位中标，仅一人应标则由应标人中标，无人应标则由生产运营中心协调出一位项目负责人。中标后，商务和生产部门对项目收入按比例划分，项目负责人所在的所为主营业务所，主营业务所在生产内部与各专业之间展开内部交易。内部交易流程分为三个步骤：通过交易定价标准确定交易总额；生产运营执行对交易确认表进行台账登记；月度按执行比例进行结算。

赛马平台的益处在于：公平的定价是在自由供需关系中产生的，在内部形成两家以上的供应商对接销售需求，或者在内部供应能力不足的时候与外部市场接轨，这就打开了因为定价不合理导致的部门墙。通过赛马平台的运行，商务部门必须承接优质项目，才能有挑选项目设计团队的权力，单价高、回款好、时间合适的项目也才会有更多的项目负责人应标；反之则无人应标，只能依靠生产运营中心协调。而设计经营体所则必须在优质项目经验丰富时，多人应标时才能脱颖而出。由此，无须公司硬性推动，商务部门会主动承接优质项目，生产部门会提高服务效率和产品品质，赛马平台为全员搭建了一个公平、公正、公开的竞争舞台，最大限度保障人尽其才。

④信息平台整合管理体系，内外连接运转高效。

在经历了20多年发展后，公司规模扩大到600人、产品线多样化复杂化，如何快速确定项目是否能产生利润；项目启动后如何在生产内部分派任务，做到紧凑衔接；如何管理设计师、调动工作激情；如何根据交付日期合理安排生产；如何根据设计能力及设计师实时状况做到动态科学安排等问题，成为了新课题。

经过近两年的努力，××设计根据行业及企业特点进行了IT系统自主开发，以人为单位、以单项目为单位进行大小组织核算，同时能实现客户需求的个性化满足，数据上移更加及时准确，拥有不同权限的人可以定时看到对应的运营数据并进行分析，可用于生产项目管控、财务费用审批、工资核算、合同回款的实时监控，真正做到了销售、生产、工资核算、财务数据分析一条龙，整合起了自主经营体系下的所有管理体系。

合同签订前，公司会根据生产预计投入人力、物力测算毛利，符合公司发展和利润目标的才能签订，避免了商务部门追求签订量、不计成本，而设计人员疲于设计，却无法获得相应回报的问题。

签单后，商务人员在系统中立项，将交货日期、交货进度、质量要求、设计要求等等信息一一录入，将任务交给下一个生产设计环节，项目管控的理念是任务、设计师双向选择，实时动态反映作业状况和设计师的忙闲程度及其是否愿意接单。

生产管理环节，将项目作为最小的核算单元，利用信息平台将项目管理“三控”（进度、质量、成本控制）、“三管”（合同、资料、安全管理）、“一协调”（项目协调）全面植入，提升管理效率。

IT系统的项目进度控制通过《项目立项策划》流程，明确项目责任人及项目组成员，各专业工作时间、工作数量，明确内部专业间交易关系（产值分拨、项目积分），设计了一系列动态化报表，包含了《项目计划总控表》《多项目甘特图》《单项目甘特图》《部门忙闲状态报表》等，直观明了，可视性强。

IT系统项目质量管理通过《品质管控流程》监督记录项目过程质量控制的问题点，为品质评价、品质改善提供依据；为人才培训提供案例资料；为人员评级、评优提供最真实有效的数据支撑。

上述报表不仅能反映出部门的忙闲程度，也可以反映单个技术人员的工作状况及工作意愿。如某技术人员自我感觉工作量不饱满，他可在未来工作状态上标识愿意增加任务；相反，如果觉得近期状态不佳，即使忙闲程度表显示其工作不饱满，他依旧可以标识不愿意接任务。任务分配与员工意愿表达通过IT项目管理软件完美结合，员工得到了被尊重的满足感，避免了被动干活，难于激发创作热情的现象。

通过IT系统构建，企业实现了经营状况和信息系统的全面对接，将“理念与制度”“定性和定量”做到了完美结合、人的管理、任务分配、过程监控、实时核算通过IT主力模块结合实践不断循环改善。

（5）进一步健全激励机制，激发员工活力及创造力

①向奋斗者倾斜，做到公平、透明、公开。

秉承“向奋斗者倾斜、多劳多得、结果导向”的经营原则，企业相继建立了二元制考评机制、股权激励制度、研发创新制度，设计师人员评级制度等一系列激励机制，为奋斗者营造一个公平的氛围，通过透明的薪酬制度和公开的贡献评定，让员工获得合理的回报。只要员工与公司理念一致，通过努力实现绩效贡献大于成本的成果，××设计都将其视为宝贵财富。××设计仅2017年一年人力成本支出增长15.2%，多投入资金绝对值达500万元左右。2018年又进一步完善了××各序列职业晋升及职业转化通道，行政序列宽带薪酬、回款激励制度及重新修订了股权激励方案。通过继续强化激励机制，××设计充分激活了员工的主动性和创造力，将每一个员工的潜力充分挖掘，更好地为企业创造价值，同时也收获了更高的薪酬待遇。

②对管理层及核心人才展开股权激励，构建企业与员工共赢局面。

××设计通过建立股权激励制度，与管理层与核心人才建立起核心利益共同体，起到稳定人才、业绩激励、约束短视行为、激发积极性的作用，最终实现企业与员工双赢。

该股权激励模式以公开、透明为原则，采用虚拟股票期权持有制度，持有人只享有经营结果分红权以及公司承诺的回购权，无表决权，并非拥有真实

股票也不能出售股票。股权激励和分红分配，必须向有贡献的核心人才和经营管理层倾斜。该制度还明确了股票持有由虚转实的规则，在公司发展好的前提下持股人持有的股价价值会不断提升，公司还会定期对股票进行回购，让股东获利更多，与此同时建立进入、退出机制予以约束，以起到核心团队活力激发与长期稳定的双重作用。

③创新人才培养，强化团队建设及凝聚力，提升企业竞争力。

通过三年多改革培养，“经营长”从单纯的技术或者营销人才转变成为真正有经营意识的综合性人才。以完成客户的需求为导向，自动搭建团队，实施管理职能，并能积极主动完成公司的分解目标，从品控、回款、经营意识、研发意识、人才培养等多方面得以快速提升，这批认同公司理念的带头人已经成长为公司的骨干力量。

关于研发激励，每年底公司会对当年研发成果进行验收评审，根据研发课题等级（国家级、省级、市级、公司级）给予对应的奖金与研发积分奖励。研发积分将作为晋升条件及年度优秀员工等的评选条件之一；个人研发积分可以逐年累计，每月会按个人研发积分的多少来发放研发津贴，个人积分累计到50分开始发放津贴。专利奖励也将给予提报人奖金和研发积分的奖励，同时专利证书上发明人一栏会加入提报人名字，对技术人员评定职称将形成非常有利的条件。

（6）××哲学文化体系建设，用理念做管理。

①哲学文化体系构建，营造上下同欲、幸福共享的发展氛围。

用大道至简的理念：“哲学指导经营，通过经营解决管理问题”，以企业的经营哲学、理念为基础，经营十大原则为指导，持续进行了哲学贯彻宣导及落地执行，上下同欲。××对内哲学文化表现在：公平、公开、透明；以客户为中心；坚强的意志力；向奋斗者倾斜；持续改进，创新不止。对外哲学文化表现在：自由、平等、开放。

××哲学文化体系就如同中医体系，通过内部整体调整治疗来抗击外部压力。特别是在知识型员工管理方面，通过简化流程环节，将原有39个流程缩减为10个，减少了监控过程。在自主权力下放的同时，用是否符合经营理念、经营10原则为标准来进行员工统一考核，并在此前提下充分尊重员工个人理念的多元化。

在哲学文化体系基础上，××设计构建了贡献与收入匹配的薪酬考核评价体系。这一套系统的核心和关键在于在理念中形成共识，通过算盘的量化对应薪酬的差异，使员工从理念上接受了“向奋斗者倾斜”“以客户为中心、客观评价员工贡献”，同时，以“公平、公正、透明”的原则，将所有的经营结果和考评结果都予以公示，透明化的经营才能真正做到上下同欲、自主经营、循环改善、活力激发、幸福共享，最终实现体系自我净化与修复。

②二元制绩效考核体系，哲学计入团队考核目标。

二元制强调的是“理念与效益”“能力与绩效”“过程与结果”“长期发展与短期激励”等兼顾的二元关系。在这种体系下，具体岗位工资跟能力匹配。员工职位升迁时，只是岗位变动，并不会因此获得额外的薪酬提升，而员工的职务被撤销其薪酬也不会受到任何影响。它有效消除了管理上传统职位制度的不利影响，强调员工的责任，引导员工不要攀比收入而要关心组织贡献与理念、业绩的双重进步。

××设计对于团队组织评价采取了理念+算盘的考核机制，其中业绩考核占60%，哲学评价考核占40%，避开了纯绩效考评带来的弊端，可以修正分权带来的一些管理上的问题。哲学评价部分包括了理念宣导机制执行、发现与解决问题、人才培养、成本控制、工作热情、哲学积分等多个考评项目。同时，针对不同事业战略发展单元的发展阶段，如对在孵化阶段的和已进入成熟期的也会采取不同的考核标准。

二元制考核充分考虑了哲学体系下公司战略规划、远期发展目标及评价，兼顾了近期和远期目标。因此在经营当中，可能会出现牺牲近期利润，来保证产品品质与品牌美誉度的行为。在个人与整体之间取得平衡，在利润和品牌之间取得平衡，在员工和股东利益之间取得平衡，在过程和结果中取得平衡。

③“幸福工作部”建立，员工成长计划、人心工程构建，发挥组织关怀和引领作用。

建立企业内刊：每月一次专刊，传播企业文化，服务企业发展，宣传模范人物，记录企业成长。

哲学积分体系活用：对于有积极意义的行为，通过积分，形成记录，并给予员工肯定和奖励。包括：哲学积分、研发积分、客户及品质积分、培训积分。哲学积分既作为精神激励进行公示，同时与员工的晋升、考核、激励等方面挂钩，发挥了积极作用。

成立幸福工作部：××设计每年为员工投入资金就达600万～700万元。员工可享受带薪年休假、节假日福利、多项福利金、研发创新奖等，免费享受年度体检、旅游、下午茶等员工福利，定期举办生日会、羽毛球比赛、年会等，丰富团建活动。

员工成长计划：积极开展关键岗位后备干部培养，组织各类考察与深度学习，四大序列的全才与专才培养全面铺开。不进行流水线式标准化生产，而是以打造高品质项目为目标，实现人才自身价值，给所有有才华的人以发展机会。

3. 自主经营体系构建成果

（1）构建了以激发内部活力为导向的自主经营体系

在【理念+算盘】自主经营模式构建基础上，通过自主经营管理激发产品、技术创新，通过18大管理体系的循环改善、竞争合作，实现企业管理和组织架构的优化升级，不断强化量化分权、责权分明，体长对经营体经营结果负责任，将员工的收入与回款、客户满意度挂钩，组织评价与战略目标挂钩，通过考核组织利润率，传导市场压力。

①能力模型建立、科学考核评价。

二元制激励的考评系统，通过理念和算盘两方面的共同构建，使得员工物质与精神双丰收，激发了企业活力，经营体“体长”从单纯技术型人才或营销型人才转变成了真正有经营意识的综合性人才。在量化公平性的基础上，通过经营数据和哲学考评直观展示人才对企业的贡献性和进步性，达成了培养人才和撬动人心的双重目标。

②员工自主经营活力激发，分权体系运行进化。

自主经营体系做到了责权分明，员工通过看懂经营报表，由被动经营到主动经营，根据企业发展总体目标，快速灵活应对市场即时变化。通过量化分权，中长期战略计划及年度经营计划分解，做到了计划落实到各事业部、每个单元。通过战略目标的共同制定对整个团队进行一次次理念共通，发挥了团队智慧和力量，形成了统一的思想，切实推进了阶段性目标和年度经营计划达成。

③提升工作效率及员工收入，实现共享改革红利。

首先，将组织绩效跟个人绩效联系在一起，员工个人收益也与企业整体利益挂钩，全企业上下形成目标、利益共同体。其次，确立各项激励制度均与绩效挂钩，如员工晋升、调岗、调薪、进入股东、研发创新等一系列与收入相关联的都需以绩效成绩作为前提。再次，针对高端市场，以客户分级制度对应设计师分级制度，激励设计师不断提升能力对应更高收入水平。通过以上措施，有效提升了员工工作效率，并在多劳多得的薪酬导向下，实现公司发展与个人收入的双赢模式。

（2）提高了企业的竞争力

①提升了企业经济效益

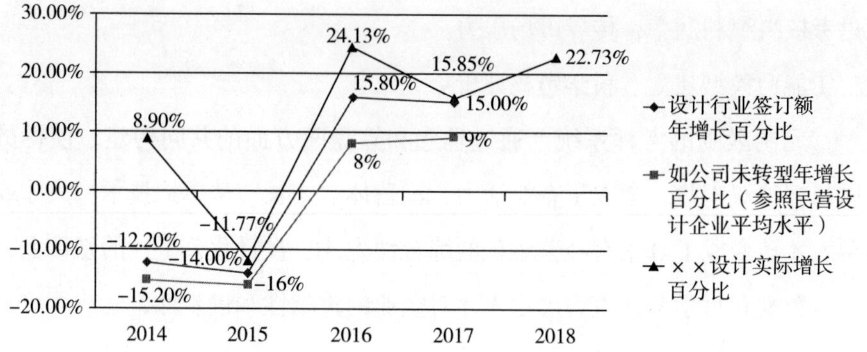

2014～2018年工程设计行业与××设计签订额对比

注：行业数据来源于住建部《2016年全国工程勘察设计统计公报》。

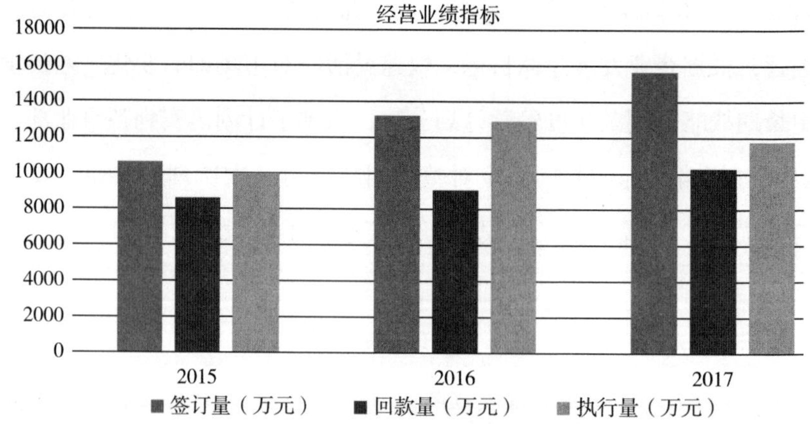

××设计2015～2017年经营数据对比图

在管理创新后，公司的资产总额由2016年的2894万元增加到2017年的4962万元，增幅达71%；收入总额由2016年的8483万元增加到2017年的10248万，增幅达21%；利润总额随着公司转型升级获得较大提升，2017年比2016年增幅超过100%；全员劳动生产率在2017年较2016年增加29%。目前轨道交通、商业地产、医疗健康三大事业部并立已经形成，并根据业务拓展情况正在孵化

第四个事业部，逆势上扬的业绩增长推动了××设计走出内地，打造全国一流品牌。

②打造了创新型组织和学习型组织，提升自主创新能力。

在行业其他公司裁员减薪情况下，从一个300多人的小型区域设计企业发展为近600人有全国竞争力的中型设计院。通过建立技术研发创新激励体制，将标准化、标杆项目打造作为常态工作与考核内容，××设计已申请国家高新技术企业成功，共获得24项专利及参与中国轨道交通装饰设计行业标准编写等多项创新成果。2017年7月成立了BIM研究所，致力于打造中国一流建筑装饰设计BIM技术服务商，并具有三项计算机软件著作权。同时，通过××大学的建立，对内部员工进行了生产、营销、技术、经营管理四大序列的提升课程；对外则为行业人员免费提供领先的技术培训，构建企业核心竞争力。

③IT系统自主研发，助力核心竞争力构建。

在2017年成功自主研发了IT系统第一期、第二期成果的基础上，正在进行三期、四期的IT系统构建，用IT系统提升管理效率，同时整合客户和供应商资源，打通上下供应链平台，实现建筑装饰设计行业信息共享、共生、共发展。在IT系统整合十八个管理体系基石之上，从财务、信息系统、分包系统、品控、生产、营销、研发等多个维度，通过标准化持续改善，推动了一阶段改革目标的顺利达成和“高效、专业、服务”核心竞争力持续打造。

（3）确保企业的可持续发展

通过品牌向上战略执行，致力于将××设计打造为中国室内设计一流品牌，并通过管理提升获得更高品牌溢价，实现人均产值大幅提升，最后落实到员工物质和精神幸福。2018年建筑空间国际设计峰会的召开正是对改革成果的全面检阅，××设计团队凝聚力、工作效率、管理水平得到了充分展示，收获了来自政府单位、参会嘉宾、业内人士的一致好评和认可，进一步提升了品牌知名度与美誉度。

××设计通过激发员工内部活力为导向的自主经营体系构建，将一个知识密集型企业转型、升级成功并发展成为一个平台型组织。它能匹配互联网商业逻辑的组织模式，赋予员工更多责权利，能在需求侧灵敏获取客户需求，在供给侧灵活整合各类资源，用科学考核激励机制激活个体和团队，满足客户需求，形成供需之间的高效链接。

首先，它能让每个人都能感受到市场压力，确保各部门能上下同欲完成公司整体战略目标。其次，它是通过优化组织结构，形成战略、战术、战斗层面的协作关系，让后台资源和机制能为一线灵活作战提供强有力支持。自主经营体系能对外将企业打造成一个全国性知名品牌，对内则实现独有企业文化的塑造以及现代化管理机制的完善，内外兼修，此项管理成果真正实现了企业循环改善，达到自我进化、自我修复，通过【理念+算盘】不断延续和发展，最终实现永续经营，坚定践行追求全体员工精神和物质幸福的核心理念。

附 录

笔者于2018年11月3日出席了由《中外管理》杂志社在北京举办的“第27届中外管理官产学恳谈会”并做了题为《宏观调整期，激活微组织》的演讲。现将讲稿附录于后，以飨读者。

宏观调整期，激活微组织

传统的管理实际上是旧的工业革命建立起来的生产关系，已经不适应时代发展，一定要打破。今天互联网的时代应该强调合作模式，而不是分，分的界限要被模糊化了。

要使组织具有高度灵活性，必须打破旧有的金字塔组织的三重边界。这种金字塔的组织囚住了人，上下边界是官僚层级，左右部门属于隔离墙，企业内外还有一道隔离墙。没有办法打通上下墙、左右墙、内外墙，员工都是被保护的，所以越来越效率低下。

我对中国和日本企业的研究有20多年，也做了十年管理咨询。我们在经营咨询领域中有大量的经验累积。

这十年以来，我们研究了大量的中国企业，已经服务过的有8000家，其中中国500强有200多家。在我们的服务客户当中，1个亿以上规模的中国民营企业占70%，剩下的30%是规模1个亿以下的。

从大概率的数据中，我们得出很多规律。中国有几千年文化的瑰宝和智慧，所以解决中国经营的问题，照样必须用中国的智慧。以中国的智慧为根本，以西方的科学理论体系来搭建企业经营的解决方案，这是当下每个企业的必由之路。

宏观调整期的内忧外患

今天分享的话题是《宏观调整期，激活微组织》。我认为没有所谓的寒冬，为什么？因为大环境对每个企业都是公平的。如果要说寒冬，那对每个企业都是寒冬。

人和人之间有什么不一样？企业和企业有什么不同？在同样外界环境条件下，为什么很多企业能做得非常优秀？对楼总（注：楼总为楼仲平，义乌市双童日用品有限公司董事长）来讲，在绿色革命、环保的问题面前，按理来说，吸管行业很难发展，但他照样能做得很好。

实际上这个命题的背后并不在于外在环境，而在于每个企业的自身。就像每个人一样，冬天来了，很多人扛不住，感冒了；有些人身体很好，活得非常潇洒自在。原因不在于外因，而在于内因。

一是经营环境。

企业今天所面临的外界经营环境，确实有很多不利因素，但更多的是有利因素。中国整个经济还在不断地向前发展，人口红利并没有消失，社会管理成本还有下降空间。

首先，在宏观环境下，国际贸易的摩擦、矛盾会越来越激烈。这很正常。人类社会、企业和企业就存在着竞争，未来我们将面临残酷的国际贸易摩擦，还会更持久。

第二，人民币升值与贬值也是一个非常残酷的环境。

第三，国内竞争在加剧。

因为大量产能过剩，所以我们需要对整个产业升级，这不仅是市场的要求，也是每个人自身的要求。我们每个人既是生产者，也是消费者，都希望有青山绿水，这是一个必然的趋势。

第四，整个社会的责任，法治的规范化，以及生态环境的保护，这都是未来升级的要求。

第五，巨大的风险具有不确定性。

大手笔的投入所带来的研发费用等一系列的问题，是整个社会的问题。共享单车投资几千亿是正常的，这样巨大的投资风险在未来仍然存在，具有高度的不确定性。

任何一个企业乃至整个行业的研发都要牺牲巨大的代价才能成为引领全球的风向标。也就是说，我们每个行业巨大的共性就是，大手笔的投资、研发费用是行业性的问题，是社会性的成本，不是一个企业性的问题，所以才有颠覆式的技术。这种颠覆式的技术又带来新一轮的危机，这两个相辅相成，最后，市场透明度越来越高，带来的竞争会更加激烈，消费者的认知也会越来越清晰和理性。这就是宏观环境不利的一面。

二是关于人。

我认为宏观环境下，还有巨大红利在等着我们，因为中国中小民营企业的管理，乃至央企和国企的管理基础仍然非常薄弱。这种薄弱并不是体现在硬件，而是软件。软件上我们的管理意识和西方发达国家相差甚远。

在市场中，对于人而言，每个人既是生产者又是消费者，具有双重身份。今天的人因为跟以往的人不一样，所以导致需求完全不同，因此才有了所谓内忧外患。

今天的“人”有几个基本特征。

第一，劳动者素质已经提高，自由化的倾向越来越浓。这是人类社会发展的必然。

第二，今天的人已经不愁吃喝，所以我们要追求精神层面更高层次的享受。

第三，个性和尊重已经成为今天这个时代的主流。每个人都希望被尊重，所以才有抖音、直播，每个人都想把自己的长处展现给全社会，这就是个性。

第四，年轻劳动力的短缺。包括生育率下降，这是整个人类社会发展过程当中发达经济体所面临的共性问题。

第五，情报的透明。今天已经没有商业秘密了，人类社会通过共享，大量情报和信息是泛滥传播，在这个过程中由于年轻人很多没有自己独立的思想体系，因此会大量地被所谓的洪流所带走。

由此，今天不管是年轻人，还是年纪稍大的人，都会发现整个思维体系、意识形态都是多元化存在的，所以没有绝对的西方文化，也没有绝对的中国文化。

今天是一个交融的时代，给我们每个人带来思想上的不稳定性。这种不稳定性给企业的经营带来了内部的管理难度越来越大，所以对90后都感叹很难管理。事实上是因为今天的90后思想是多元的，所以我们用70后、60后的思想来管理90后，显然不合适。

三是主要矛盾。

如何解决这种内忧外患？它导致了哪些矛盾？我们要找到主要的矛盾。

第一方面，如何满足客户的个性化。

人具有两个基本的角色，第一是生产者，第二是消费者。今天的消费者是个性的，首先给我们带来小批量柔性制造与生产力提高的矛盾。因为这是由前30年大工业化所带来的结果，思维意识很难扭转，所以有很多新的方法论被探讨出来。

高成本与价格的透明性，这样对消费者越来越有利。

产品周期极短，因为每个人都喜新厌旧，这种极短的生命周期和企业高投入的研发成本显然是一个矛盾。

个性化的客户满足，对员工的要求更高，员工必须从原来的一专变成今天的多能。过去一专就够了，今天每个人都必定要变成一个多元的、多能的、全面型的人才，这是今天这个时代对他们的要求。所谓真正专业型的人才，是因为他有一个巨大的多元知识结构的底座，才形成金字塔顶尖的知识结构。今天这个时代要求的不是专，而更多是知识结构的全面化。所以对于员工一专多能提出了更高挑战。

第二方面，如何满足员工个性化。

首先是个性化员工给内部管理所带来的组织统一性与个性化的矛盾，我们如何来管理新一代的员工?

其次是员工的成长速度与企业发展速度的矛盾。员工的成长速度受外界的影响，他会超越企业自身的发展速度。因此，未来整个企业的边界将不断被打通，也就是说每个员工不是你的员工，他是整个社会的，这是一个大的趋势。

第三是工作环境的变化要求越来越高。环境的优化与员工工作安定性和满意度是相辅相成的。很多写字楼、办公室不仅是放几台电脑，更多放了几张床，甚至还有咖啡室等等，整个工作场景带来的要求更高了。

现在员工不服管理，他的思想生来就不被管束，因此，这种自由化倾向所带来的结果就是生产关系必须变革。生产关系的变革是人类几千年来一直的探求，整个人类社会发展的过程也是生产关系变革的过程。

生产关系从大的方面是社会关系的变化，从小的方面，也是组织结构和运转机制发生的改变，体现出来的就是生产关系。所以传统工业时代构建起来的生产关系和今天这个时代巨大生产力需要释放，是一对崭新的矛盾，在现在这个时间点，显得尤为突出。

第三个方面，如何承担社会责任。

社会责任是每个企业家必须要提前五年超越政府所预测到的趋势，生态、环保都属于社会责任。社会责任需要提前五年或十年思考的问题，不然政府给你下一道指令，严格要求，就变成你今天的寒冬。

其实今天并不是寒冬，而是你没有提前做出准备。这是由于我们的过错，才导致了今天我们认为的寒冬。

如何解决这三大主要矛盾？有什么办法呢？办法只有一个，以不变应万变。不变的是我们经营企业的初心和发心，必须和整个时代同步。方法和工具是经营当中的两大变化的元素，也就是流变。

实际上中国的老祖宗几千年前就告诉我们要以不变应万变。不变的东西一定永远存在，不变和变化相辅相成。所有的市场是由消费者决定的，所以今天是消费者说话的时代，修内功是永远不变的主题。外在的竞争只是暂时的，内修是永恒的，从过去的非常轻松的经营转化到今天修内功，所以我们感到困难。

修内功有两个关键点，第一满足客户的个性化，第二如何满足员工。员工本身也是企业的客户，我们不能把员工当成员工来看待，因为企业实际上是一个组织的实体，员工不只是一个经营投入的要素，必须要服务好员工。

企业首先服务好员工，员工才有可能通过有效率地花钱服务好你的客户，把销售额拿回来。销售额拿回来之后，扣除费用和成本的部分就是利润，这个利润必须取之于民，用之于民。这个民就是社会责任，社会责任就是利益相关者。今天这个时代，你必须要开始练内功，因为外在的环境对每个企业都是公平的。

如何解决

生产关系的改变是每个时期研究的重点，不管在传统工业时代，还是在互联网、在后信息化时代，不管有多少新的概念，人类社会发展规律从来不会改变。研究生产关系的变化，实际上是企业经营每个时间点需要思考的。只有改变了生产关系，把员工变成老板，整个社会的潜力、每个人的潜力才能真正地挖掘出来。传统的管理实际上是旧的生产关系，这是因为传统工业革命所建立起来的管理模式，是建立在人的同质化需求基础上而研究出来的成果。今天互联网的时代应该强调合作模式，而不是分，分的界限已经被模糊化了。

就如任正非所讲，这个时代的战略是模糊的，但组织一定要具有高度的灵活性。组织的高度灵活性必须打破旧有的三重基本边界，也就是官僚体制。

不是中国没有管理，中国从周朝就有管理，周朝的《周礼》，就是中国组织行为学的起源。政府、企业、国家的经营管理模式是一脉相承的。旧有的金字塔组织囚住了人，无法解放。上下墙、左右墙、内外墙没有办法打通，员工都是被保护的，所以效率越来越低下。

改变要从三个方面着手。

第一，价值观驱动+组织创新+细分+赋权赋能。大方向价值观驱动，让目标落地，必须把宏观目标分解到小组织的目标。而且今天的技术手段数据已经可以细化到一个人，乃至一个人加一辆汽车的组织。滴滴打车模式，一个司机就是一个完整的组织。细分组织之后必须把权利下放，因为这种个性化需求需要快速敏捷的个性化服务，只有把权利和能力赋予每个员工才能做到。

第二，小组织独立核算。把市场所有压力全部通过层层传递，以内部交易的形式传导到每个角落，让公司的每个小单位，乃至一个司机都能进行完整的独立核算。这样，经营成果的好坏可以直接体现出这个人对组织的贡献，因此要全面数字化经营。

第三，全面数字化经营。未来每个企业所谓大数据的经营就是数字化。数字化是随着业务、人事和财务融合的系统而来的，所以全员参与经营已经具备可能性。

通过三大基本手段，我们就将企业的生产力释放出来了。生产力释放，实际上是生产关系的变革所带来的。

传统金字塔组织三大边界带来的效率低下是必然结果，我们要从官僚体制转化成平台制的服务型组织模式，把员工变成老板，把老板变成服务员。金字塔组织顶尖的是老板，倒三角组织老板在最下面，员工屁股对着老板，脸蛋对着客户。

相应的小组织直接服务客户，最后变成无边界的网络型组织，彻底打破内外的边界。正三角组织是以老板为中心，平台组织是以顾客为中心，无边界组织是去中心化。

组织形态的变革是生产关系变革的开始。不同的生产关系，每个阶段要识别出最小的创造利润的单位是谁？正三角组织当中，创造利润的单位是部门；以顾客为中心的倒三角组织创造利润最小的单位是小团队，就像一个司机；无边界组织创造利润的最小单位是个体，这种个性化个体最后协同作战，给企业带来巨大价值。

结语：从关注“岗位”到关注“人”是大趋势

以分工为主体的泰勒管理形态关注的是岗位，现在要逐渐转变为关注“人”。因为在今天这个时代，人在创造价值流程的不同环节扮演各自的不同角色，打破了岗位本位主义，所以才能高度进行协同。从管理人到经营人，才能真正释放生产力。轻岗位，重角色；角色清晰，部门模糊；前线动态小组织，后台静态大部门，是今天组织发展大趋势。【理念+算盘】自主经营模式构建是中国企业转型升级的必由之路。